新经济时代
家庭服务业创新发展研究

王　涛◎著

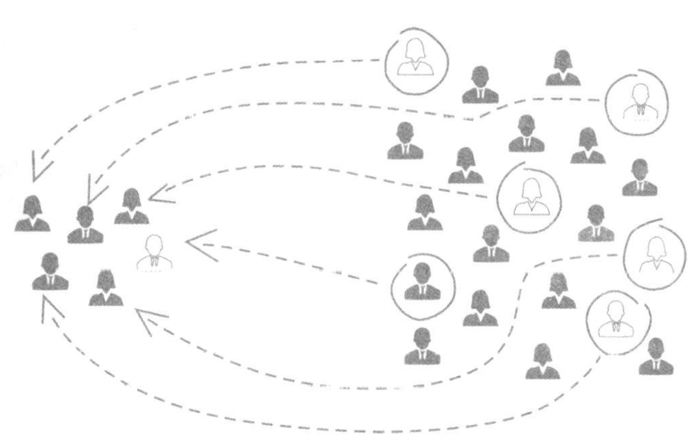

Research on
innovative development of the home service
industryin new economic era

图书在版编目（CIP）数据

新经济时代家庭服务业创新发展研究/王涛著. —北京：经济管理出版社，2017.12
ISBN 978-7-5096-5569-6

Ⅰ. ①新… Ⅱ. ①王… Ⅲ. ①家政服务—服务业—研究—中国 Ⅳ. ①F726.99

中国版本图书馆 CIP 数据核字（2017）第 306070 号

组稿编辑：陈　力
责任编辑：杨国强　张瑞军
责任印制：黄章平
责任校对：陈　颖

出版发行：经济管理出版社
（北京市海淀区北蜂窝 8 号中雅大厦 A 座 11 层　100038）
网　　址：www. E-mp. com. cn
电　　话：(010) 51915602
印　　刷：北京玺诚印务有限公司
经　　销：新华书店
开　　本：720mm×1000mm/16
印　　张：12.25
字　　数：181 千字
版　　次：2017 年 12 月第 1 版　2017 年 12 月第 1 次印刷
书　　号：ISBN 978-7-5096-5569-6
定　　价：58.00 元

引言

随着我国进入经济新常态，开始面临产业结构转型和升级的重要阶段，以及促进服务经济发展的关键节点，亟须重点发掘、培育新的产业来形成经济增长点以发挥支撑作用，推动国家经济发展、社会快速进步和企业持续成长。发展家庭服务业是扩大内需、增加就业、改善民生和调整产业结构的有效举措，不仅可以更好地满足城乡居民服务消费需求，而且还能为经济转型和增加社会就业提供有力支持，具有重要的经济效应和现实意义。面临新的经济发展形势，无论是国家层面，还是产业层面，以及企业层面，都需要重视家庭服务业发展中所存在的机遇和瓶颈，制定切实有效的方案并采取合理措施来加快发展的规模和速度，使其成为支撑新时代下国家经济发展的重要基础产业。

创新是实现家庭服务业持续发展的关键所在，而家庭服务业的创新又涉及不同层面的相关因素的影响。本书基于当前的现实背景进行分析，回顾了相关的理论基础，明确了当前理论研究中的不同观点和不足。然后，通过对典型的国家和地区发展家庭服务业的情况进行归纳、分析及总结，明确相关国家和地区在此方面的先进做法及经验。此后，本书探讨了在国家层面，政府引导和市场主导的运作机制下，家庭服务业管理机制和相关扶持保障政策体系的构建；在产业层面，家庭服务业的行业结构、规范规制、管理模式与经营范围等方面，以及未来的重要发展方向；在企业层面，典型家庭服务企业所采取的商业模式、市场开发、人才培养、管理提升、核心竞争力培育等创新活动。最后，本书选择了以福建省的福州树人、福建中青、雪品公司和正忠信公司四家“千户百强”家庭服务企业进行分析，进一步认识当前家庭服务业的发展情况和相关创新活动。

推动家庭服务业创新发展的持续、有效和有序进行，并实现跨越式发展，可以为当前的产业结构调整和升级寻求出一条新的现实路径。不仅可以培育出新的产业带动经济发展，还能够真正地做到解决居民生活中的日常服务需求，同时能为新增就业提供切实的解决方案。然而，家庭服务业依然面临一些现实问题，亟待在国家、产业和企业层面采取相应的对策，采取相应的创新突破来推动变革，才能形成能够落地的措施。在国家层面，基于国家相关政策的引导、支持和规制，充分发挥市场在资源配置中的决定性作用，促进要素自由流动，调动各类市场主体参与的积极性。为此，需要完善联系管理机制，确定部门管理职能；加大政府财政投入，落实层级管理协调，加强服务体系建设，夯实产业发展基础。在产业层面，以市场化的发展理念引导企业实现战略突破，商业模式转变，市场机制调整。为此，需要进一步整合社会资源，实现协同机制，强化行业监督，完善行业规范。在企业层面，必须加快转变发展方式，创新商业模式，提升创新能力，形成一批具有较强竞争力的品牌企业。为此，需要挖掘价值链增值、塑造竞争优势，推动规范化管理，强化人力资源储备等。在具体的实施措施上，应该以规范化、职业化、体系化、标准化和信息化为重点来推动家庭服务业创新活动的有序开展，从而提升家庭服务业的整体发展水平。

目录

第一章　绪　论

随着经济和社会的发展，我国已经进入后工业化阶段，开始面临产能过剩、转型升级、第三次工业革命三大挑战。从产业结构看，服务业在国民经济中的比重开始逐渐增大，甚至部分地区出现了服务业比重大于工业的情况。在服务业的发展历程中，也先后经历了由劳动密集型向知识密集型的转变，但依然面临如何提升产业价值和吸纳就业人员之间的矛盾。尤其是面对国家经济转型的新时代，更需要做好在保持经济持续稳步发展的基础上，正确处理劳动力市场中存在的增量和存量的协调。其中，劳动力增量主要来自加速城镇化进程中大量农村劳动力向城镇的转移，这就要求国家必须考虑如何在现有的产业基础上发展新兴服务业，创造出大量符合农村劳动力的新就业岗位以吸收新的进城劳动力。存量则主要来自在社会经济改革稳步推进和市场化用工机制逐步完善过程中出现的大量下岗劳动力。为了解决这部分劳动力的再就业，需要在现有的城镇产业结构中挖掘出能够吸收大量劳动力的新型服务业。基于增量和存量调整的双向压力，发展新兴服务业已经成为现在国家社会经济发展需要重点考虑的一个关键突破口。

家庭服务（也称家政服务）是以家庭单位及其成员为主要服务对象，以满足家庭日常生活需求为目的，并向家庭提供各类劳务为主要内容的服务活动。虽然以保姆为主要形式的家庭服务已经在我国具有较长的发展历史，但是在新的经济时代，家庭服务的种类和范围实现了迅速扩张，逐渐成为一种形式多样、内容繁多的产业形态。作为一种新兴服务业，家庭服务业已经成为关乎我国国计民生的重要产业之一。从国家层面看，加快发展家庭服务业既是贯彻落实科学发展观和构建和谐社会的重要表现，也是扩大内需、增加就业、改善民生、扩大内需、调整产业结构的有效举措，能够为国家经济转型和社会持续发展提供有力的支持。这不仅是缘于城镇化、老龄化发展的现实需要，也是推动农村劳动力转型就业和解决下岗职工再就业的重要抓手，而且还能够创造大量的新增岗位和就业机会，在更有效地吸纳社会剩余劳动力的基础上创造出新的市场价值。正是因为家庭服务业具有良好的发展潜力和社会影响力，在新的经济形势下，我国制定了多项政策措施来推动家庭服务业的跨越式发展，提高其在国民经济中的比重。

根据商务部发布的《2017 年中国家政服务业发展报告》数据显示，2016 年全国家政服务业企业达到 66 万家，其中规模以上企业 14 万家；从业人员达到 2542 万人，营业收入达到 3498 亿元，总资产 3143 亿元，利润总额 248 亿元。其中，部分大型家庭服务企业的年营业额已经超过亿元规模。可以说，家庭服务业已经具有一定的发展基础，成为我国国民经济中不可或缺的重要组成部分之一。然而需要认识的是，尽管家庭服务业在现阶段取得了较大的进步，完成了“从无到有”的发展历程，但对于家庭服务业的未来持续发展来说，还需要考虑如何实现“从有到强”的发展历程。特别是家庭服务业在目前依然存在一些亟待解决的问题，例如，市场机制不规范、监督机制缺失，行业组织规范化程度不高，市场供需信息不对称，人力资源储备不足，从业人员素质和技能不高，缺乏相应的业务管理培训和职业培训等，都阻碍了家庭服务业的持续发展。对于这些现实问题的解决需要从更深层次上进行分析，需要通过创新形成突破和变革，破解当前的机制弊端，打造产业发展的新动力，形成新的经营模式和业务形态等，如此才能提高产业竞争力。对于家庭服务经营实体而言，需要具备创新的发展理念，基于国家相关政策的支持和规制，以市场化的经营理念来重塑战略导向，完善制度体系和转变商业模式，尽快形成一批具有较强竞争力的品牌企业，才能全面提升家庭服务行业的整体发展水平。

一、研究背景

转变经济增长方式、推动产业结构调整、促进经济发展、扩大内需、促进就业、改善民生是当前一段时间内我国经济发展的重要任务和导向。发展家庭服务业则能在一定程度上同时满足以上多种任务的要求，因此，也成为国家经济发展的重要工作内容之一。2007 年，国务院发布了《国务院关于加快发展服务业的若干意见》，首次明确提出需要“大力发展面向民生的服务，大力发展家政服务业”，并确定了家庭服务业发展的总体要求、目标和重点。虽然以保姆、月嫂为代表的家庭服务很早就扎根于人们的思维观念中，存在于家庭生活中，但直到 2010 年国务院办公厅以国办发〔2010〕43 号印发了《关于发展家庭服务业的指导意见》之后，家庭服务业才开始正式作为一个新兴服务产业存在于国家经济形态中，并得到了国家、社会层面的广泛重视。

（一）理论背景

按照经济学理论，一个国家经济结构的变动和演化会分别经历以农业、工业和服务业为主导的不同发展阶段。随着国家经济的整体发展和人均国民收入水平的稳步提高，劳动力首先会从第一产业向第二产业转移，然后向第三产业进行转移。与此同时，农业部门的国民收入在整个国民收入中的比重和农业劳动力在全部劳动力中的比重也会随之处于不断下降中。在过去相当长一段时间的发展历程中，我国的经济发展也具有这种阶段性特征。特别是在工业化发展的过程中，先后经历了粗放式发展阶段，即通过大量利用社会资源、人力资源等，以低价格资源获得产品的成本价格优势来提升国家的整体竞争力。这种发展模式在经济发展水平较低的时期是适用的，此时的资源物质机会成本很低，因此大量使用资源也就具有短期的经济合理性（金碚，2012）。随着我国开始进入后工业化的发展阶段中，劳动力、土地等各种资源价格开始快速上升，已经无法满足当前经济发展的现实需要，此时就需要考虑立足已有的基础，把握结构调整的重点，由增量调整为主转到增量与存量有机结合，进而推动产业结构的调整和升级，例如，重点提升服务业在国民经济中的比重，才能实现经济结构优化和持续发展。

从世界经济发展的形态看，西方发达国家大都已经完成了从“工业经济”向“服务经济”的转型，使服务业成为现代经济社会中具有重要战略地位的产业部门。根据相关发达国家的以往发展经验，当一个国家的人均收入达到1000~3000美元时，其消费结构将发生重大转变。其中，居民实物型消费比重开始下降，而服务型消费比重则逐渐上升；生存性消费比重开始下降，而享受和发展性消费比重则逐渐上升。现在我国的人均收入已经超过1000美元，开始步入消费结构变革时期，大力发展服务业成为当期我国产业结调整和优化的重要内容之一，对于加快转变经济发展方式，提高我国的国际竞争力具有相当重要的支撑作用。因此，面对当前日趋激烈的竞争环境，我国在新时代的经济结构调整和优化需要从以制造为中心开始逐渐转向以服务和创新为中心，经营理念也应呈现服务型特征（吴照云、余长春，2011）。

伴随着工业化进程的逐步推进，城镇化也开始逐渐成为国家经济发展的主导方向之一。在一定程度上，可以说城镇化是与工业化相伴而生，是推动社会经济发展的重要双原动力。在工业化过程中，原有的农业人口会逐步从第一产业向第二产业转移，并成为初级产业工人，进而加速城镇化的进程，使国民经济向城镇一体化方向发展。与此同时，城镇化进程的加快又进一步使资本集中和积聚的速度加快，导致工业化进程也随之加快，从而实现协同发展。在此过程中，大量的农村人口开始转化为城镇人口，城镇人口数量的逐渐增多和规模不断扩大，使传统乡村不断为现代城镇所同化，并最终完成城乡一体化。同样，在工业化初期，因城镇化发展而新增的劳动力可以推动工业化发展，城市工业化的发展也会进一步促进城镇经济的提升，为加快城市化进程提供了良好的经济保障和资金来源，从而形成了正向的双循环。

然而，随着工业化进程的进一步演进，产业结构也在不断调整和优化，特别是在信息化推动的产业升级过程中，要求更多的高级人力资本，例如，需要科技研发人员提供支撑。但是，传统的产业工人并不能完全满足这种现实要求，此时就会出现现有的产业工人会由于改革发展等原因出现大量下岗和待业的情况。如果无法及时实现再就业，会给城市经济发展带来潜在危机。同时，城镇化程度的提高也使农村劳动力源源不断进入城镇，对于他们而言也需要找到新的就业渠道，否则会加重城市发展的压力。缘于这种双重压力的影响，会进一步挤压城市劳动力的“蓄水池”，并在一定程度上打破了原有的正向双循环，为此也对城市经济和社会发展提出了新的要求，即必须找到新的产业来创造新的就业岗位以吸纳剩余劳动力。这种现实情况，在当前的中国经济社会中表现得尤为突出。

随着服务业在各国经济增长中的地位不断上升，使服务业逐渐成为研究的重点，例如，目前的理论研究主要关注服务业发展与经济增长的关系。然而需要认识的是，服务业内部的不同行业在服务提供的复杂程度上差别很大，既有相对简单的餐饮、运输行业，又有非常复杂的研发服务、技术咨询行业等。由于服务行业的专业化程度与服务提供者需要具备的专业技能水平存在正相关，在现有的劳动力市场上，具有一定知识储备的高级人力资源相对而言更为稀缺，尤其是对我国这样的发展中国家而言，更是如此。这时就出现了一条鸿沟，即服务业发展会吸收大量劳动力，但随着服务业专业化程度的提升，只有部分具有高密集知识的劳动力才能符合现实需要，而传统的初级劳动力很难满足这种现实需求。因此，就可行的解决方案来说，除了需要提升劳动力个体技能来满足需求之外，还需要考虑在现有的市场中挖掘出潜在的、具有发展前途的细分服务产业来吸收和容纳这些劳动力。家庭服务业就是在这种背景下得以产生和发展的一个新兴服务业，可以满足不同的需求，从而获得发展的机遇。

在以往的研究中，主要是针对家庭服务业的宏观问题进行解析，例如，社会观念变革、福利保障、社会认可等，很少从培育一个新兴产业，促进企业持续成长的角度进行考虑。然而，在家庭服务企业的现实发展中，又存在一些还没有解决的问题，例如，需要进一步完善产业层面的国家规范、政策等方面的体制、机制建设，为家庭服务业的持续发展提供良好的制度环境；

构建家庭服务业良好的市场机制，并按照整合推进市场运作的思路来有效利用市场规划和政策扶持；家庭服务企业如何从服务范围、内容、质量等方面进行提升，以满足不同层次、群体的消费需求；在信息化社会中，如何做好家庭服务业与信息技术的衔接，使信息化成为推动家庭服务业快速发展的重要助动力。对于这些问题的解决，只有一种可行的现实路径，即必须以创新为内核来推动家庭服务业的持续发展。特别是对于创新而言，现有的研究更多的是强调微观层面的技术创新、业务创新、产品创新等，未能从一个更为系统化的观点来认识，如从融合国家政策创新、体制机制创新、产业规范创新、企业制度创新等方面来进行分析。目前的研究很少就此展开更为细致的认识和探讨，即关于家庭服务业创新的问题当前尚属空白，有待进一步展开。为此，本书的研究重点是，如何形成系统化创新思路和策略来加快家庭服务业的快速发展，使其成为现代服务业中的重要一环。

（二）实践背景

随着经济规模的不断扩张，对自然资源消耗日益增加，导致我国资源环境承载力日益脆弱，实现经济发展方式转型和可持续发展迫在眉睫。要改变从制造业大国走向制造业强国、攀升全球价值链，应大力发展新兴服务业。通过促进嵌入全球产业价值链的制造业与新兴服务业形成互动的良性循环机制，帮助制造业生产链的升级，从而改变我国“国际代工”的格局。特别是随着国际化制造业开始从我国逐渐转移到其他发展中国家，更需要我国更多地以新兴服务业作为制造业的中间投入，培育服务业的新业态，使其成为带动经济发展的新增长极。

新经济时代中，我国社会发展中存在的现实情况是，农村人口达到 8.8 亿，在未来的 10 多年里需要转移出 2 亿的农村人口到城市。与此同时，城市失业率已经达到了 4%的比例，而且每年的新增劳动力也达到 1000 万人左右，其中包含 300 多万大中专毕业生，给社会经济带来了较大的发展压力。为此，需要挖掘和开拓出一个新的服务业，在吸收和消纳大量新增社会劳动力的同时，也能产生相应的经济效益，成为一个新的经济增长点。发展家庭服务业则成为当前现实条件下的一个选择。推动家庭服务业发展已经得到了国家层面的高度重视，在《中华人民共和国国民经济和社会发展第十二个五年规划纲要》中就着重强调，要“鼓励发展家庭服务业”“形成多层次、多形式的家庭服务市场和经营机构”。在此政策方针的引导下，各级政府和行政部门也开始探索家庭服务业发展的方向，遵循产业经济发展的客观规律，通过制定相关的方针、政策、规范和措施等来着力增强家庭服务业发展的内生动力，努力构建优化结构、提升层次、拓宽领域、创新业态、增强活力，努力构建布局合理、功能明确、配套完善、特色鲜明的家庭服务业发展体系，使家庭服务业开始作为现代服务业的重要部分，在国民经济中占有重要地位。

2010 年 9 月 1 日，国务院常务会议研究部署了发展家庭服务业的政策措施，并指出发展以家庭为服务对象、向家庭提供劳务、满足家庭生活需求的家庭服务业对增加就业、改善民生、扩大内需、调整产业结构具有重要作用。家庭服务业发展中必须坚持市场运作与政府引导相结合，政策扶持与规范管理相结合，促进就业与维护权益相结合，推进家庭服务业向市场化、产业化、社会化转变，逐步建立比较健全的惠及城乡居民多种形式的家庭服务体系。为此，需要从五个方面入手：①从我国实际情况出发，重点发展家政服务、社区服务、养老服务和病患陪护，鼓励各种资本投资创办家庭服务企业，培育家庭服务市场。②完善行业自律机制，规范服务行为，加强市场监管。③完善公共就业服务体系，为家庭服务从业人员免费提供职业指导和职业介绍服务。④规范家政服务机构、家庭和家政服务员之间的权利义务关系。⑤加大财税等政策扶持力度。这种国家层面的政策引导，为今后家庭服务业的发展指明了发展方向，并在一些方面明确了切实有效的政策措施。

随后，国务院相关部门建立了部际联席会议来制定相关的政策文件，扶持家庭服务业的快速、跨越式发展。按照发展家庭服务业促进就业部际联席会议的部署，在国家层面也开始组织各地区开展了多次“千户百强家庭服务企业（单位）创建活动”，力图通过推动 1000 户以上的中小企业做专做精，扶持 100 家有实力的企业做大做强的措施以形成一批举足轻重、有号召力的龙头企业，成为家庭服务行业发展的重要支撑和中坚力量，在创造社会财富、增加财政税收、吸纳就业人口、活跃市场经济、方便人民生活等方面发挥越来越大的作用。与此同时，在各级政府的支持和先行地区的带动下，许多地方也开始形成地方性家庭服务业协会，在引导行业自律、加强专业培训、促进行业发展方式转变方面，开始发挥重要作用。例如，北京、福建等地都成立了地方家庭服务业协会。

家庭服务业的发展对提高服务业比重、促进经济结构调整、扩大内需、增加就业和改善民生具有十分重要的意义。如今的家庭服务业在一些大中城市已经取得了较快的发展，服务领域也在不断丰富和扩展，服务分工更加细化，服务企业日益规模化，服务内容逐渐呈现出多业态、多样化的快速发展态势。家庭服务业与其他产业最大的区别在于直接面向家庭，与人们的日常生活息息相关，且直接决定着社会生活水平的发展。随着城市社会的不断发展，居民在日常生活中对家庭服务的需求进一步增加，服务内容涉及家庭保洁、烹饪、护理、医疗、母婴服务、养老服务等方方面面，与居民的日常生活密切相关。

然而不可忽视的是，在家庭服务业的实践活动中，还存在企业组织化、规模化和现代化程度不高，总体上仍处于“小、散、弱”的状况；社会认识存在偏见，愿意从事相关服务的从业人数依然较少；家庭服务企业的经营战略趋同，服务同质化程度较高，恶性市场竞争现象较为严重，市场道德缺失，欺诈现象时有发生；具有高端附加值的相关服务项目相对缺乏，业务结构有待优化，人员素质和服务技能需要尽快提升，服务规范化水平也有待提升；实体企业的线下运营和平台企业的线上运营无法实现有效的衔接等一系列的问题，都导致整个产业的发展还存在壁垒和瓶颈。为此，急需家庭服务业尽快“破题”，解决发展中存在的现实问题。“破题”的关键在于创新，而创新又是存在多方面的，其中既有国家层面体制机制的不断变革来创造发展环境，也有产业层面的规范、自律等来形成良好的市场机制，同时还有企业层面的制度建设、业态形式等不断创新来提升价值增值等。因此，家庭服务业需要在完善国家政策制度体系的基础上，进一步立足自身潜在的优势和资源进行创新突破，如此才能培育一批管理规范、运作良好、示范性强的家庭服务企业，培训一批高素质、优服务的从业人员，在根本上转变行业发展方式，构建出良好的行业经营秩序，这对整个产业的持续健康发展具有十分重要的现实意义。

二、研究问题的提出

家庭服务业的持续、健康成长的关键在于创新，这涉及不同层面的相关因素的影响。例如，在宏观的国家层面，需要明确家庭服务业企业的对口管理机构，制定相应的政策、规范和制度，形成具有实效的体制机制，并采取切实有效的实施措施等才能促进家庭服务业的发展；在中观的产业层面，需要对家庭服务业的行业结构、规范、管理模式进行认识，结合行业特点推动业态模式变革，才能促进产业结构优化，实现行业的规范化发展；在微观的企业层面，需要进一步推动企业在市场开发、管理提升、价值挖掘等方面的全方位变革，才能使企业获得持续的生命力。因此，关于家庭服务业创新的分析和认识需要从国家、产业和企业三个层面展开。

（1）探讨在政府引导和市场主导的运作模式下，如何形成良好的管理机制和相关扶持保障政策体系来推动家庭服务业发展。

家庭服务业的发展离不开国家部门、各级地方政府的相关政策的引导和促进。在《国务院关于加快发展服务业的若干意见》（国发〔2007〕7号）中也提出，到2015年建立完善发展家庭服务业的政策体系和监管措施，到2020年建立健全能够基本满足家庭的服务需求城乡居民的家庭服务体系。虽然国家层面、政府部门，以及各地方对家庭服务业的战略发展、服务管理、就业促进、教育培训等方面已经出台了一系列的政策和措施，但由于市场上对家庭服务的供求不平衡，对家庭服务业的监管力度不够，加上家庭服务业的市场运作中涉及管理与协调家庭服务业有序发展的作用机制还不健全，在一定程度上都会影响家庭服务业难以获得快速、跨越式发展。例如，国家层面已经建立了由人力资源社会保障部牵头，有关部门单位参加的发展家庭服务业促进就业部际联席会议制度，组织和研究发展家庭服务业促进就业的重大问题，推动制定和完善相关政策法规、规划计划和措施。然而涉及家庭服务业的相关管理机构还存在管理职能不明确，管理权限叠加等问题，使其在政策出台时难以形成协同效应。在今后的家庭服务业发展中，相关的联席会议成员单位如何按照各自职责，认真贯彻落实国家关于发展家庭服务业促进就业的各项政策措施，做好统筹协调来促进政策制定和执行工作的落实，都是需要进一步认识的关键问题。

（2）探讨家庭服务业的市场运营情况，针对当前的产业结构、行业规制、管理模式与经营范围等方面进行分析，分析今后家庭服务业的创新的方向和内容。

目前，家庭服务业已经进入快速发展阶段，然而由于过低的行业进入门槛、缺乏行业规制条例等，导致大量低质、劣质的服务机构充斥市场，在很大程度上造成了家庭服务业处于无序竞争状态，导致家庭服务市场长期存在良莠不齐、市场秩序混乱的局面。由于行业结构不协调，以及未能建立合理的准入机制，即便有家庭服务企业合法经营，也往往由于市场环境恶劣无法在竞争中长期生存，出现“劣币驱逐良币”的情况，使整个家庭服务业发展很不稳定、很不健康，影响了家庭服务业的有序发展。在促进家庭服务业发展方面，需要通过政府和市场两个方面的共同调节和相互补充，才能加强对家庭服务业的规范管理，创造出良好的市场环境和行业秩序，完善家庭服务业的规范体系，推动家庭服务社会资源的优化配置，进而实现在社会公共利益上的均衡。这种规范管理不仅来自政府层面的规制，还来自行业自律。随着“互联网+”在新经济时代的重要性逐渐凸显，行业中的大部分家庭服务企业依然属于中介性质，未能实现线上和线下的有效衔接。因此，需要进一步认识家庭服务业的产业结构、规制情况以及整个行业的管理体系，完善制度和监督管理等，如此才能进一步优化发展环境，在规范家庭服务市场秩序上有新突破，推动家庭服务行业开展规范化建设，形成多层次、多形式共同发展的家庭服务市场和经营机构，从而不断探索行业有序发展的有效途径。

（3）探讨家庭服务企业在运营活动中的业务形式、运营模式等，以及如何在商业模式、市场开发、人才培养、管理提升、核心竞争力培育等方面进行创新，以及当前面临的主要难题。

当前家庭服务企业已经获得了快速发展，然而在业务形式上依然多种多样，在组织运营模式上也存在较大的差异，给家庭服务企业的规范化运作带来现实挑战。加上目前的多数家庭服务企业从业人员的职业技能低，服务质量亟待提高，只能满足客户简单、低层次的综合性家庭服务需求，难以满足其专业化、精细化的高层次需求。特别是大部分企业的规模化、品牌化水平不高，服务功能较弱，专业化程度低，发展方式转变较为滞后，大多数家庭服务项目缺乏明确的等级标准和服务质量规范等，都造成了企业持续成长的瓶颈。此外，家庭服务企业之间缺乏分工协作，小而全和服务同质的问题比较普遍，这不仅影响了服务质量，还容易形成残酷的价格战。因此，在企业层面如何推动商业模式变革，战略定位演进，市场机会价值挖掘等，都是家庭服务企业在创新发展中需要解决的现实问题。

三、研究意义

（一）理论意义

从发达国家的以往经验看，随着经济的发展，第一产业和第二产业的比重呈不断下降趋势，而以服务业为主的第三产业比重则呈上升趋势。目前，我国也处于产业结构调整与升级的关键阶段中，尤其是来自第二产业中转移劳动力和来自第一产业中新增劳动力的出现导致大量的社会劳动力供给，而第三产业中的一些知识、技术密集型的产业又暂时无法吸收这些人员，为此需要考虑发展一些新兴服务产业来成为支撑经济持续发展的重要支柱。如今，我国服务业从业人员的比重不仅与发达国家的发展水平相去甚远，而且与其他发展中国家相比也存在较大的差距。在工业化、城镇化、市场化、信息化、国际化加速发展时期，更需要加速服务业发展。家庭服务业在促进国内消费、拉动内需方面潜力巨大，能够满足新经济时代中国家层面提出的推动经济发展、产业转型和升级等战略目标。因此，促进家庭服务业加快发展，既是推进经济结构调整、加快转变经济增长方式的重要手段，也是适应对外开放新形势、实现综合国力整体跃升的有效途径。此外，推动家庭服务业创新活动的开展不仅具有经济效益，创造更多的价值，而且还具有较大的社会效益。例如，在家庭服务业中还包含养老等社会福利业务员，可以在更大范围内完善国家社会福利体系，推动和谐社会的发展。

（二）实践意义

家庭服务业是服务业中最具发展潜力的行业之一，完全有可能成为我国下一轮经济增长的新亮点。大力发展家庭服务业对于第一产业的发展而言，将促进大批农民工就业，增加农民收入，促进城乡消费，拉动国内需求。对于第二产业来说，可以增加产业工人的就业机会、有效吸纳其他行业富余的劳动力，有利于进一步推动社会分工，促使社会的劳动生产率的整体提高。对于第三产业来说，则是形成了新的经济增长点，进一步丰富了对国民经济增长的支撑，扩大了内需市场，保障了国家产业结构升级的顺利推进。其直接现实意义是吸纳其他行业富余的劳动力，同时开发和增加新的就业岗位。随着我国正从生存型向享受型社会的转变，人口的老龄化、家庭的小型化、生活方式多样化对家庭服务的需求将不断增加，大量的老人、儿童和伤残人需要家庭服务，使家庭服务业对整个社会经济来说，在改善城镇居民生活质量、加快城镇化建设、保障社会稳定、促进经济持续发展等方面，有着不可替代的作用。这种外部刺激和内部需求使家庭服务业的市场发展潜力巨大，逐渐成为一个既能满足人们家庭生活需要、提高居民生活水平，又能扩大内需、增加就业、促进经济发展的重要行业。

四、研究内容

（一）研究思路

本书在总结和归纳国外发展家庭服务业实践做法的基础上，重点探讨了经济转型的新时代下，发展家庭服务业对促进我国转变经济增长方式、调整经济结构、扩大内需、促进就业和改善民生等方面的重要意义。然后，从国家、产业和企业三个层面分析家庭服务业的创新发展。通过实地调研国内典型地区的家庭服务企业的发展情况，对我国家庭服务企业的创新活动进行认识，归纳和总结出我国当前家庭服务企业创新的具体做法以及所面临的问题。最后，提出促进我国家庭服务业创新活动开展的政策建议和具体措施，希望能够有助于家庭服务业的持续发展。

（二）技术路线

根据已经确定的研究思路，本书的技术路线如图 1-1 所示。

（三）研究方法

本书主要以研究目标和研究内容为依据来确定相应的研究方法，总体来说是从理论分析到实践调研，再到案例研究，最后得出研究结论和政策建议。首先，对当前我国发展家庭服务业的现实背景进行分析；其次，对本书的核心概念家庭服务和家庭服务产业分类等进行认识和界定，回顾了以往关于家庭服务业创新的相关研究，进而提出本书的理论框架；再次，对国外家庭服务业发展进行总结；又次，对我国家庭服务业的市场运营情况进行分析，指明今后发展的重要方向；最后，在此基础上，选择具有代表性的家庭服务业“百强”企业进行分析，并得出相应的研究结论。综上所述，本书以促进我国

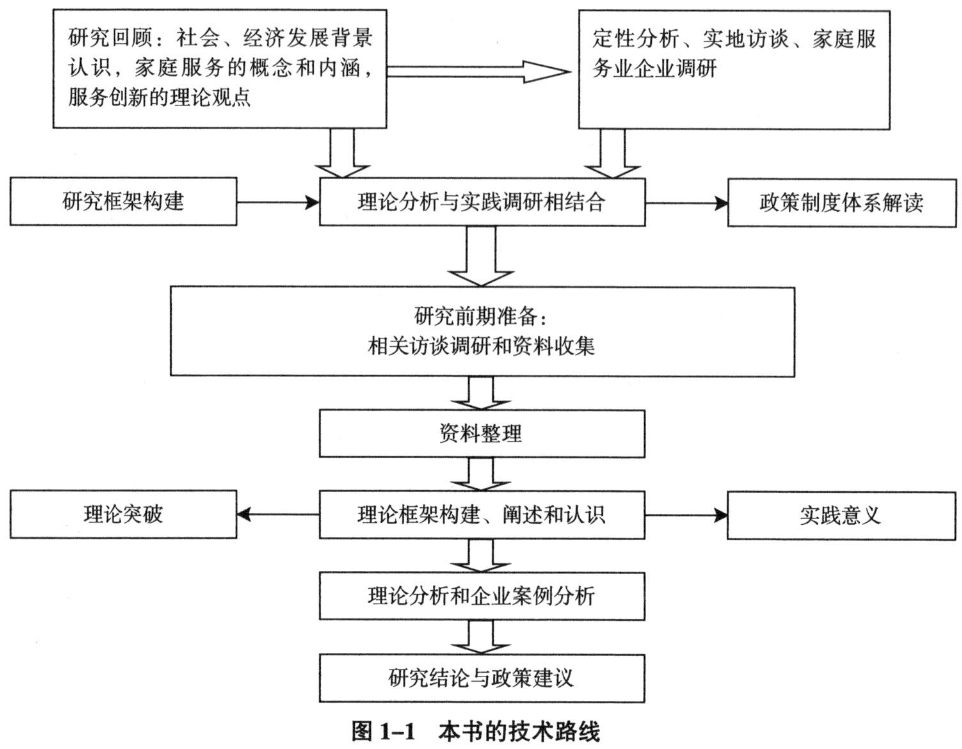

图 1–1　本书的技术路线

家庭服务业健康、规范、快速、持续发展为目的，将家庭服务业研究的理论分析和我国家庭服务企业的实地调研相结合，从而加深对家庭服务业发展中创新的理解和认识。

本书用到以下三种研究方法：

（1）文献研究和逻辑推演的规范分析方法。为了深入了解家庭服务业的创新，需要大量阅读相关的国内外文献和资料。通过对以往研究的归纳，总结出了不同学者在研究中所存在的共同关注，以及其主要认识，并将这些研究作为分析的重要基础。在研究目的和研究问题的指导下，通过对相关文献资料进行系统的检索和阅读来了解国内外已有相关主题的研究思路、方法和结果；然后通过总结、分析和述评寻找到现有研究中所存在的不足和缺口，进而挖掘出当前的空白和不足之处，进而明确具体的研究内容，并以此构建出相应的研究主体框架。

（2）实践调研访谈。针对我国家庭服务业发展过程中出现的问题，尤其是引起争议、社会反响较大的问题，本书中采取了实践调研访谈的研究方法。在实地调研的过程中，通过与国家各部门管理机构的相关人员，各省、地、市的家服办负责人，家庭服务行业协会、“百强”家庭服务企业管理者，家庭服务从业人员，以及业内的资深专家和学者进行了充分的交流和探讨，对家庭服务企业在发展中所面临的问题进行进一步认识，为后续的研究分析提供翔实的第一手材料。

（3）案例研究方法。在以往的研究中，很多学者也是以案例分析的模式来探讨社会发展和企业创新问题。依照这种思路的指导，本书也采用了典型案例的调研分析，并就研究问题进行了前期调查访谈，访谈内容也主要是围绕研究目的展开。通过对 4 家“百强”家庭服务企业的调研，进一步了解目前家庭服务企业的发展现状，内部创新活动开展的具体操作原则、方法和流程，进而通过归纳和总结，突出当前企业层面创新开展的重点内容、主要途径和面临的重要问题等，为后续的政策建议和措施落地提供基础。

（四）研究框架

根据对理论的梳理和实践调研，以及具体研究问题的明确，本书依据以下研究框架展开，如图 1–2 所示。

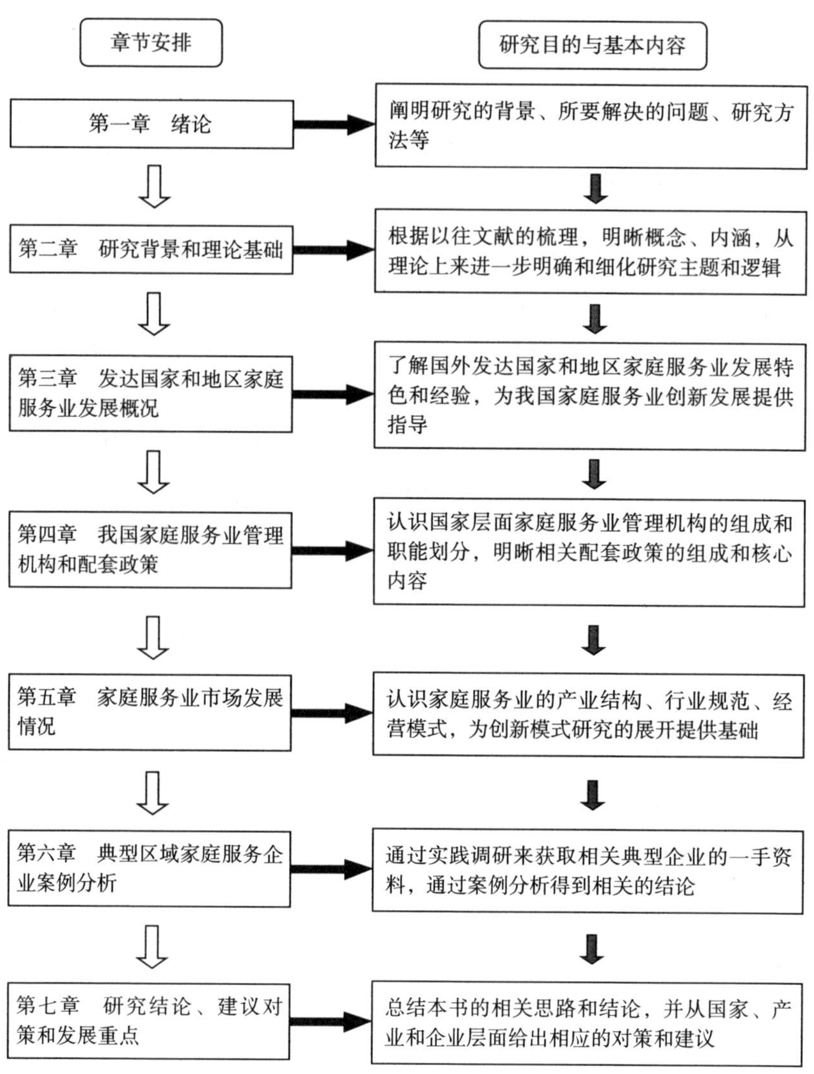

图 1–2　本书的研究框架和主要内容

第二章　研究背景和理论基础

家庭服务业在社会中自然存在的时间比较长，但在国家经济中又属于具有发展潜力的新兴服务业。作为现代服务业中的重要基础部门之一，家庭服务业在优结构、扩消费、保民生、增就业、促跨越和维和谐等方面具有独特优势。特别是随着我国已经步入现代化、城镇化、家庭小型化、人口快速老龄化、生活方式多样化和家务劳动社会化发展的新经济时代，城镇居民家庭对操持家务、照料老人、看护婴儿、护理孕妇、家庭教育、家务管理等日常生活服务项目的需求呈现出快速增长的态势，社会潜在需求巨大，具有其存在和发展的现实背景。虽然在实践层面，家庭服务业与日常生活息息相关，然而在理论研究中，对家庭服务业的认识依然处于不断的探索之中。尤其是关于家庭服务的概念、内涵和分类等内容仍然还没有形成统一、确定的定义或概括。此外，以往的研究中对于创新的认识更多的是基于传统的产品创新来进行，然而对于产业创新来说，不同于物质性产品，不仅需要考虑其自身的特点，并且创新活动也会涉及不同层面。这导致关于家庭服务业创新的认识需要从系统化的角度进行，如此才能有效促进家庭服务业发展。

一、发展家庭服务业的现实背景

一个国家经济发展可以看作是产业经济结构升级演化的过程。在国民经济分类中，可以划分为一次、二次和三次产业。产业结构则是指一次、二次和三次产业在国民经济中的比例，以及各产业内部配置。由于各个产业所创造的附加值存在差异，以及国家整体社会发展、技术水平的进步，产业结构会持续地进行调整和升级。产业结构的调整和升级主要是指通过产业的演化和更替来实现结构性改善和产业素质与效率的提高。这种活动通常是依靠存量和增量的协同而实现的，其中存量主要是促进一、二、三次产业健康协调发展，逐步形成农业为基础、高新技术产业为先导、基础产业和制造业为支撑、服务业全面发展的产业格局；增量则是促进一、二、三次产业在国民经济中的比重和贡献，形成较为先进的新的产业类目，例如，发展战略性新兴产业，加快发展新型服务业等。通过产业结构的调整和升级，可以促进经济增长向依靠一次、二次、三次产业的协同带动转变，从而实现国家经济的可持续发展。

从产业结构调整和升级的发展过程看，大致可分为三个阶段。第一阶段是生产活动以单一的农业为主的阶段；第二阶段是工业化阶段，劳动力逐步从第一产业向第二产业和第三产业转移；第三阶段是后工业化阶段，第三产业最终成为国民经济中最大的产业。如今，我国已经开始进入“十三五”建设的关键时期，需要把经济结构战略性调整作为加快转变经济发展方式的主要方向，其中最为重要的内容之一是促进服务业的快速发展。特别是随着第一产业的比重不断下降，以及产业结构的不断调整和升级，第一产业的剩余劳动力将向第二、第三产业转移，以及由第二产业向第三产业转移劳动力。为此，需要在第三产业中发展新兴行业来实现保持经济高增长的同时，满足社会发展的现实需要，且能在一定程度上促进就业，减轻劳动力增长和转移的压力。因此，需要结合产业结构调整和优化产业升级的现实背景和环境，来分析为何将发展家庭服务业作为解决国家经济发展、增加服务供给和解决社会就业的关键工作。

（一）一次产业向二次产业升级

按照刘易斯的传统经济学模型，基本经济形态属于二元经济，即城市中新兴的资本主义工业部门与农村中庞大的传统农业部门并存。经济发展过程是工业化带动城市化的过程，而实现工业化和城市化的关键是资本积累或提高资本形成率。在这种经济发展模式中，来自农村的剩余劳动力将会无限地向城市转移，这既能为资本积累创造条件，又能满足工业部门规模化扩张的需要，从而推动工业化和城市化的进程。其中存在两个阶段。

第一阶段，由于资本稀缺和劳动力过剩，工业部门的工资由农业部门的平均收入来决定，即取决于维持生活所需的最低费用。由于工人的工资水平普遍高于农民的平均收入，当把利润再投资到扩大工业生产规模时，就会有大量的新增劳动力流入。然而，对农业来说，由于农业的生产效率已经处于峰值，边际效应并不明显，这也使农村劳动力向外的流出对于其总产量没有什么影响。在这种经济背景下，工业部门会不断追加投资和扩大生产，并在既定的工资水平下得到源源不断的新增农村劳动力，从而获得更多的利润和价值创造。只要农村还有剩余劳动力，这个经济转换的过程就一直继续下去，直到农业部门所有的剩余劳动力都吸收到工业部门为止。

第二阶段，即所有的剩余劳动力完全被工业部门吸收后，农业的边际生产力就会提高，农业的收入水平也就会相应增加。在此种情况下，如果工业扩张要获得更多的劳动力，就必须提高工资水平。当劳动力大量转移到城市后又会增加对农产品的需求，从而使农产品价格提高。因此，农业部门与工业部门的差别以及农村与城市的差别就会逐渐缩小，两大部门不得不在相互竞争中扩大劳动投入。当经济发展到这个阶段，差异悬殊的二元经济结构就转化为一体化，整个经济进入所谓的现代经济增长过程。在此过程中，由于大量的农村人口进入城镇，也会进一步加速国家城镇化的进程。

从理论上看，二元经济结构一体化的过程会带动整个国家经济的快速增长，从而实现跨越式发展。然而在现实经济中又经常出现，在工业化过程中大量从农村流入城市的劳动力由于不符合现代工业用工标准的现实问题。这主要是源于农村的大量剩余劳动力属于“洗脚上岸”的初级劳动力，并不具有相应的知识储备和技能，使工业中能够为这种劳动力提供的工作岗位十分有限，其结果是相当一部分来自农村的劳动力并没有在现代工业部门中找到工作。出于不同的原因，其中的大部分劳动力并没有返回农村继续从事农业生产工作，而是选择滞留在城市，寻求潜在的发展机遇和机会等，容易成为“城市贫困人群”。在这种情况下，会给工业发展和城市经济造成一种矛盾的两难境界，即城市现代工业部门在一方面创造出更多的就业机会，同时又创造着更高的失业率。如何解决这种经济循环怪圈，已经成为国家经济发展中所重点关注的问题。

从当前我国的经济形态的现实情况看，与发达国家相比，我国具有丰富的人力资源，且大部分劳动人口依然处于农村。虽然近些年以来，我国的国家教育水平、知识普及得到显著的提高，但相对于信息化、知识化、工业化时代的快速到来和演进，这些劳动力依然普遍存在文化技术水平偏低，难以迅速填补在产业转型和升级活动中的人力资源空白。即使经过特定的技能培训工作之后，一些劳动力可以进入劳动密集型的二次产业中，但不可忽略的是，由于农村劳动力的大量富余，如果需要二次产业通过规模化发展来吸收这些转移过来的新增劳动力，则必须进行大规模的投资。这又是现实情况中很难实现的，尤其是这种项目投资很大程度上属于低层面的重复投资，很容易造成一些产能过剩的情况，也不符合当前国家经济发展的主导思想。因此，我国当前经济形态中所出现的现实情况是，虽然进入了工业化后期的发展阶段，但二次产业并不能完全吸收一次产业中所转移的剩余劳动力。

（二）二次产业向三次产业升级

市场变动的一个显著特征是社会资源的流动，市场运行效率也往往表现为社会资源的配置效率。当二次产业对社会资源配置的效率和价值挖掘达到一定程度之后，需要基于新的方式和手段促进市场运行效率的提升及市场交易成本的降低。服务业由于具有以上两种特性，特别是随着交易成本在总成本中比重越来越高，服务业对降低交易成本的作用越来越突出。越来越细的分工，越要花费更多的资源去完成交易，而发展服务业就是有效降低交易成本、提高效率的基本手段（吴敬琏，2005）。当一个国家经济开始由工业主导向服务业主导加快转变，会在一定程度上对国民经济的运行以及整体产业的结构调整产生深刻影响。尤其是在面临产业结构升级的阵痛过程中，加快发展服务业不仅是减缓经济下行压力的“稳定器”，也是促进传统产业改造升级的“助推器”，更是孕育新经济新动能成长的“孵化器”（宁吉喆，2016）。

自20世纪80年代以来，全球经济结构正在发生根本性转变，西方发达国家已经开始从“工业型经济”向“服务型经济”过渡。发达国家服务业增加值比重从20世纪60年代的45%~55%增加到90年代末的65%~75%；服务业就业比重从20世纪60年代的35%~50%上升到90年代末的50%~70%，服务业在国民经济中的地位和作用得到大幅提升。从国际经验看，多数发达国家都经历过由工业主导向服务业主导的重大转型。美国转型时间为1950年前后，德国和日本发生在1970年前后，韩国发生在1990年左右（宁吉喆，2016）。目前，全球产业的重心已从制造业转向服务业，服务业比重不断扩大，而国际经济技术交流也有效推动了服务业的进一步发展。很多发达国家把发展第三产业作为推动产业结构调整，转变经济增长方式的战略措施和扩大内需、促进就业的重要举措之一。

从近些年以来我国经济发展的现实看，已经进入转型新阶段，呈现出速度变化、结构优化和动力转换的新时代特征。服务业对国民经济增长的贡献率进一步提高。2016年，我国服务业增加值384221亿元，比上年实际增长7.8%；服务业占GDP比重已上升为51.6%，比上年继续提高1.4个百分点，比第二产业高出11.8个百分点。服务业对国民经济增长的贡献率为58.2%，比上年提高5.3个百分点，比第二产业高出20.8个百分点（许剑毅，2016）。在服务业快速发展的同时，其内部的业务形态也开始出现新的分化。其中，部分服务源于对工业信息化、专业化等方面的提高和社会分工的日益深化，能够向产业链的上下游延伸，创造出更大的价值增值的现实需要；部分服务缘于随着社会收入水平的整体性提高，城市居民对日常生活需求出现大幅增加的现实需要。这两种需求驱动也进一步推动了服务业进入了一个新的发展阶段。

除了经济发展的客观需求和规律之外，我国在经济体制改革的重要内容是推进企业市场化改革，打破职工“铁饭碗”等一系列举措。例如，国有企业改革等会导致相当一部分社会劳动力开始从第二产业中逐渐分流出来。根据国家人力资源社会保障部数据显示，2016 年，全国城镇新增就业 1314 万人，城镇失业人员再就业 554 万人，就业困难人员实现就业 169 万人。“十三五”期间，我国劳动力市场需要实现城镇新增就业 5000 万人以上，城镇登记失业率控制在 5%以内的目标，虽然登记失业率虽然在下降，但登记失业人员数量仍保持在 1000 万人左右。与此同时，每年大概还有 300 多万农村富余劳动力需要转移就业，总量压力非常巨大，这也会造成我国目前所面临的严峻就业压力。在这种情况下，如果完全依靠工业的规模化发展，不利于国家的整体进步。特别是现在的工业已经开始进入集约化发展，以信息化为特征的技术进步又在不断地削减工作岗位。因此，亟须寻求一个新的突破口，吸纳剩余劳动力，促进社会就业，以避免社会劳动力“蓄水池”的溢出，给国家经济发展、社会稳定造成不利影响。

（三）一次产业和二次产业的同步融合升级——家庭服务业的兴起

服务业自从 20 世纪 50 年代以来就开始在世界经济中占据着重要的地位，并开始出现快速增长（Miles，2005）。截至 2003 年，服务业已经在发达国家的经济结构中占据着支撑地位。例如，美国附加值创造活动中服务业占据的比例超过了 77%，英国也达到了 73%（Grnroos，2007）。这表明，在全球范围内的服务业覆盖的深度和广度已经逐渐加大。在服务业分类中，一般可以分为生产性服务业和生活性服务业。生产性服务业是主要为生产活动提供中间投入的服务业（即中间需求性服务业，与最终需求相对应），包括但不限于金融、保险、法律工商服务、经纪等具有知识密集和为客户提供专门性服务的行业（Browning & Singelman，1957）。生活性服务业则是与生产性服务业相对应的一个概念，主要指为消费者提供服务产品的服务业（最终需求性服务业），包括但不限于零售业、住宿、餐饮、为个人提供的服务业、为家庭提供的服务业等。生产性服务业与生活性服务业的规模和比重反映了一个国家整体服务业发展的深度和社会分工的水平，以及经济结构中消费者和生产者获得的服务产品的规模和各自需求满足的程度。生产性服务业的产生、发展与成熟反映了产业内部、产业之间资源流动、价值流动与知识流动的动态特征。

由于生产性服务业主要为工业企业发展提供服务保障，具有很强的专业性、技能性，知识密集、技术密集和资本密集等特性，已经逐渐成为行业增长以及国民经济增长的基本动力来源。相对于前述的以上三部分剩余劳动力来说，生产性服务业仅仅只能有限地吸纳第二、第三部分人员，而对于第一部分的劳动力则存在较高的进入壁垒。因此，为了促进就业则只能更多地依靠生活性服务业的发展。

在我国现阶段的经济发展势态中，存在农村劳动力和城市劳动力同步向第三产业转移的复杂现象，其中包括三部分的劳动力供给。第一部分来自一次产业的劳动力供给，主要表现为农村劳动力进入城镇，并在城镇从事服务业工作；第二部分来自城镇中的劳动力再就业，主要表现为部分工业企业的工人下岗后从事服务业工作；第三部分来自城镇中的新增就业，主要表现为学生毕业后从事服务业的工作。由于这三股剩余劳动力本身的差异化较为明显，其叠加效应对我国服务业的发展造成了较大压力。因而，服务业发展需要与扩内需、保增长与调结构、保民生结合起来，紧密围绕充分发挥创造就业的功能、扩大其就业容量、吸纳农民工就业等主线来推动社会经济的发展。为此，需要在现有服务业的内部细化出一个能同时吸纳三部分劳动力，又能满足社会现实需求的行业，还能创造经济利润和社会价值的服务产业。

家庭服务业不仅是一个具有鲜明特点的新兴服务业，同时也是吸纳就业，尤其是安置城镇下岗失业人员、农村富余劳动力等群体就业的重要产业，具有就业岗位容量大、后续发展潜力较大等特点。家庭服务业既存在高端业务，(如家庭医生服务)，也存在低端业务（如保洁等），具有全方面吸纳多层次剩余劳动力的特征。在诸多因素的推动下，家庭服务业开始蓬勃发展，也逐渐成为吸纳农村富余劳动力、下岗失业人员等群体就业的重要渠道，并在改善民生、扩大消费和优化结构等方面发挥着积极作用。在商务部印发的《家政服务提质扩容行动方案（2017 年)》中也明确提出 2017 年家政服务行业的发展目标是："营业收入增长率保持 20%以上，达到 4000 亿元以上，家政服务业吸纳农村转移劳动力、城镇下岗失业人员、中西部贫困地区女性劳动力"，"人员、灵活就业人员等重点群体就业的作用进一步增强，从业人员数量达到

2800 万人左右”。

综合来看，发展家庭服务业不仅使产业结构调整与升级得以顺利进行，而且也推动了城乡经济一体化的进程。特别是家庭服务从业人员大部分来自农村，通过为城镇家庭提供服务，促进了城市和乡村的融合与发展，实现“双赢”的效果。因此，在当前的经济背景下发展家庭服务业是符合国家产业结构转型与升级的现实可选路径，也是满足人民群众日常生活的客观需要。

二、家庭服务业创新发展的理论基础

（一）家庭服务的概念和内涵

在现在的理论研究和社会实践中，大部分人都已经接受了家庭服务这个概念的存在，然而对于家庭服务的认识和界定却存在不同的表达。在传统的表达中，主要是从部门统计的角度认识，将家庭服务看作是为居民家庭提供各种服务的活动，是对家庭运转和发展具有直接影响的各类服务活动的总称，主要包括保姆、家庭护理、厨师、洗衣工、门卫、司机、教师、私人秘书等和病床临时护理及陪诊服务。随着社会的发展和部门类目的逐渐拓展，关于家庭服务的认识也在不断深入。例如，刘燕斌（2010）将家庭服务定义为：“在一个家庭或为一个家庭所从事的工作，包括家务管理、照顾婴儿和其他个人的管护。”张一名（2010）把家庭服务界定为，以家庭为服务对象，向家庭提供各类劳务，满足家庭生活需求的服务。姜长云（2011）则认为，家庭服务是家庭服务员为居民家庭生活提供的一种事务性、管理性和生活性社会服务。在 2012 年商务部印发的《家庭服务业管理暂行办法》中对家庭服务定义是指“以家庭为服务对象，由家庭服务机构指派或介绍家庭服务员进入家庭成员住所提供烹饪、保洁、搬家、家庭教育、儿童看护以及孕产妇、婴幼儿、老人和病人的护理等有偿服务，满足家庭生活需求的服务”。综合来看，家庭服务是以家庭为服务对象，以满足家庭生活需求为目的，以向家庭提供各类劳务为内容的多种服务业态的集合，主要是为了满足居民家庭的各种生活性服务需求，由家庭服务人员个体或相关经济组织与家庭签订正式契约关系，通过出卖自己的劳动力而获得相应收益的一种社会交易活动。

作为一种基于市场化交易的经济活动，家庭服务以居民家庭为服务对象，为人们提供一种满足家庭生活需求的事务性、社会性和生活性服务，具有服务内容繁琐、服务地点分散和服务需求灵活、多样的特点，包括产业属性、服务对象、服务目的、服务种类和服务场所 5 个属性。其中，产业属性可以归结到服务业中的新型服务业细目；服务对象则是以家庭成员需求，包括儿童、老人、病人和管理家庭有关事情的人员；服务目的是替代家庭内传统的无薪工作，需要支付薪酬的工作；服务种类包括家庭服务保姆、月嫂、护工、保洁等、社会养老、医院护工、社区服务等各类业态；服务场所是在包括但不限于家庭、社会特殊机构在内的特定区域空间内。因而，家庭服务业是以家庭为服务对象，旨在满足家庭生活对劳务的需求或优化家庭赖以运转的社区环境，对整个家庭运转和家庭发展具有直接、重要的公共影响的生活性服务业。家庭服务企业则是指依法设立的从事家庭服务经营活动的经济组织，不包括政府部门、非政府组织设立的非营利目的的家庭服务组织。

（二）家庭服务业分类

我国的产业分类传统上是按照三次产业来进行行业分类的，其中第一产业指农业，第二产业指工业和建筑业，第三产业指其他所有产业。在具体行业分类中，国家统计局在 1994 年就专门制定了国家标准，2002 年又进行了大范围的修订。2002 年 5 月，国家质量监督检验检疫总局批准了国家统计局重新修订的国家标准《国民经济行业分类》，并于当年 10 月 1 日正式实施。其中，第三产业包括农、林、牧、渔服务业；地质勘查业、水利管理业；交通运输、仓储及邮电通信业；批发和零售贸易餐饮业；金融、保险业；房地产业；社会服务业；卫生体育和社会福利业；教育、文化艺术及广播电影电视业；科学研究和综合技术服务业；国家机关、政党机关和社会团体；以及其他行业，共计 12 个细分行业。

为了适应国民经济社会发展变化的需要，2003 年我国第三产业分类做了重大调整和变化。此次修订按照国际通行的经济活动同质性原则划分行业，进一步打破了部门管理界限，对原标准中不符合这一原则的分类进行了调整，实现与国际标准的兼容，改变我国统计资料难以与国际直接对比的状况。新的产业分类标准进一步充实了第三产业的新兴活动，调整了 1994 年标准中与分类原则不相符的内容，新增加了“信息传输、计算机服务和软件业”“住宿和餐饮业”“租赁和商务服务业”“水利、环境和公共设施管理业”“教育”“国际组织”6 个门类。对照国际标准，在所有 20 个门类中，除前 3 个门类外，其余 17 个门类都是服务业门类。主要包括交通运输、仓储和邮政业；信息传输、计算机服务和软件业；批发和零售业；住宿和餐饮业；金融业；房地产业；租赁和商务服务业；科学研究、技术服务和地质勘查业；水利、环境和公共设施管理业；居民服务和其他服务业；教育；卫生、社会保障和社会福利业；文化、体育和娱乐业；公共管理和社会组织共计 14 个细分行业。在此次调整中，国家统计行业类目中正式出现了“居民服务和其他服务业”的细目概念。其中，居民生活服务业具体包括家庭用品修理业、饮食业、美容及美发业、客运业、浴池业、殡葬业、医疗卫生业、旅游及饭店业、文体娱乐业、家庭服务业等。

作为一种特殊性服务业态，家庭服务的门类齐全、服务项目众多，涉及居民家庭日常生活需求的各个方面，使分类统计口径一致存在差异化。其中，商务部将家庭服务业分为 10 类，包括家庭服务、维修服务、养老服务、医疗服务、物业管理、社区导购、房屋租赁人才招聘、法律服务、生活百事，各大类下又分为 73 小类；国家统计局在国民经济行业分类中，拟设置“家庭服务”和“居民服务、修理和其他服务”两个门类，其中家庭服务包括保姆、钟点工、家庭教师等，居民服务、修理和其他服务包括居民服务、家庭电器及其他日常用品修理、清洁服务等。人力资源和社会保障部从家庭内服务、家庭外服务、社区服务三个方面将家庭服务业门类划分为不同大类、中类、小类。包括家政服务（保姆、钟点工）、家庭教师、搬家服务、装修装饰，养老服务（社会养老、社区养老）、病患陪护、家庭用品配送、洗衣、学生接送、维修服务（房屋维修、水电气设备维修、家电维修、交通工具维修、电信工具维修、日用品维修）、换房服务等（张一名，2010）。

传统的家庭服务只提供简单的服务，如保姆、钟点工等。随着居民对服务内容及质量要求的不断提高，以及服务专业化分工越来越明显，家庭服务内容得到了进一步细分，并形成了较为系统化的业务组群。根据当前家庭服务提供的业务范围看，大致有20多个门类，总数达到200多种服务项目，包括家政服务业，病患陪护服务业，养老助残服务业，家庭医生、家庭管家、育婴师等家庭专业（特色）服务行业，涉及家务劳动、家庭护理、物业管理、日常保洁、家电维修、水电维修、房屋装修、家教培训、购物消费、订餐送餐等人们日常生活的各个方面。

（三）家庭服务业创新相关研究

自从Schumpeter提出创新（Innovation）以来，诸多学者在此基础上逐渐加工、补充和完善，使创新概念成为管理理论研究的重要内容。然而在以往的研究中，主要是针对产品开发、新过程技术的配置、新管理实践的运用（Zott，2003）。例如，Drucker（1985）将创新看作是“包含新产品、新服务、新流程、新技术、新原料及新的经营模式等各种新颖有用，且能提高生活质量的产品或服务”。随后创新被延伸到企业的组织层面，认为是创造未来的一个活动，它指的是将新的概念或知识（包含新的技术及市场知识）进行运用的一个流程活动，其主要目的是维持企业持续的竞争力以使企业能够持续成长（Nystrom，1990；Rickards & Moger，1991）。然而从更系统的角度看，认为创新是在系统、政策、过程、产品或服务中一种新思想、新行为的采用，它是组织的一种新物质（Damanpour，1991），能够体现出其内在的价值（Linder et al.，2003）。

由于服务业在国家经济和社会层面中重要性的逐渐增加，服务创新逐渐成为创新理论研究的重点。在以往的研究中，已经开始探讨了服务业中的创新和开发活动（Zomerdijk & Voss，2011），例如，服务创新成功（De Brentani，

1991），客户参与（Edvardsson，Tronvoll & Gruber，2011；Magnusson，Matthing & Kristensson，2003），以及服务创新类型（Berry，Venkatesh，Parish，Cadwallader & Dotzel，2006）等。Menor 等（2002）将服务创新的特征阐述为，提供给一个以往服务中所不能提供的服务理念。Van der Aa 和 Elfring（2002）认为，服务创新是一种引导性思想、时间和现实，这些对组织和环境来说是全新的。然而，创新活动发生在多个层次，服务创新的产生和运作也会展现在多个方面。

在国家层面，Miles（2005）指出服务创新的一个重要内容是研究国家政策的研究、制定及其支撑作用；在产业层面，信息技术在服务业的创新中扮演着关键角色，具有信息融合的新服务会对传统服务进行有效替代。在企业层面，为了实现生存和增长，服务企业需要持续提供新的服务，就如传统的制造企业需要创造新的和升级现有的产品（Sawhney et al.，2004）。综合来看，尽管创新已经被认为是服务业研究中的一个重要方面，但在目前的研究中，关于服务业中的创新依然还未能得到更为深入的认识（Bullingera et al.，2003；Essen，2009；Menor et al.，2002）。其关键在于两点：一是由于服务业的内容较多，差异性较大，需要结合具体的行业展开研究；二是创新本身的概念内涵较为丰富，需要从更为系统的角度，结合不同层面因素进行综合认知和理解。

自家庭服务业作为一个全新的产业存在于国民经济活动中后，如何推动家庭服务业、企业、业务等方面的创新就成为研究中探讨的重要内容。学者们也围绕着不同的领域和方向来分析及探索家庭服务可能存在的创新突破点。例如，曾向东（2004）强调在家庭服务业发展中，需要强化品牌意识，让企业通过树立自己的品牌，同时做好内外部管理活动，合理进行资源整合，并且进行高质量的售后服务跟踪体系来提高自己企业在本行业的竞争力。彭缔（2006）则认为，需要根据当前信息化时代的背景，通过将电子商务和家庭服务相结合的方式，把家庭服务形成在线交易的过程，这样可以进一步形成方便的信息提供，同时也会降低社会交易成本。随着“互联网+”时代的到来，利用互联网发展家庭服务业成为一种创新思维。从家庭服务业当前的创新动态看，又会根据企业的业务形态开展不同的创新发展模式。其中，实体型企业主要强调通过形成不同的业务形态来创造出新的价值，同时加强组织内部的各项管理、制度等创新活动。平台型企业则更强调可以通过构建信息平台来提升家庭服务的效率和效益，并通过线上和线下相结合的方式推动产业的持续发展。例如，傅彦生（2014）通过对国内家庭服务业市场现状的探讨，提出 O2O 是比较符合当今家庭服务业市场需求和趋势的一种服务模式，是家庭服务业今后发展的新出路。

三、以往研究的评述

家庭服务业已经成为服务业中一个规模较大并极具发展潜力的重要领域。随着我国居民人均收入超过几美元，社会分工进一步细化，我国家庭服务业面临新的发展机遇。虽然在以往的研究中已经就家庭服务的概念和内涵，家庭服务业的划分，服务创新的概念和内涵，以及家庭服务业的创新等进行了较为细致的认识，但在一些问题的认识上依然存在模糊性。这既是现有研究中不足的表现，也是未来研究所需要着力解决的。

（一）以家庭服务业为研究对象可以实现对服务业创新问题深入探讨

在社会需求的推动下，发展家庭服务业对促进就业，解决就业，改善民生，调整结构等一系列问题的解决具有非常重要的现实意义。在家庭服务业发展方面，需要重点认识扶持家庭服务业发展的重大产业政策、财税政策以及完善有关的法律法规在管理服务方面的作用，以及如何通过建立监督制约机制，建立统一规范的家庭服务行业标准等一系列的创新活动来促进家庭服务企业做大做强，并向集团化、规模化发展。在促进社会就业方面，要通过积极探索和改革创新，走出一条符合中国实际的家庭服务业发展道路。家庭服务业则应立足于市场，引入现代产业管理特征，采用连锁经营模式满足社会急速增长的需求。例如，可以借鉴国内外其他行业有益经验，引入一系列标准的现代产业管理特征，进行行业创新，使其能够适应市场经济发展，促使其向正规化、职业化方向发展。

（二）关于家庭服务业创新活动的层面需要进一步明确

虽然以往的研究已经就家庭服务业、服务创新等主题展开了探讨，但就整体看，还是缺乏明显的层次界定。家庭服务业创新涉及诸多方面，也发生在不同的层面上，例如，从宏观经济层面，到产业层面，到企业内部层面都会产生不同的影响和效果。这也是以往研究中所经常会忽略的一个方面。因此，必须注意这三个层次的影响，以及对家庭服务业发展所产生的综合影响。

从宏观经济层面看，以往的研究主要集中在三个方面的主题：创新和经济增长的关系，创新和就业的关系，创新和竞争力的关系。结合家庭服务业而言，首先需要结合我国的现实国情，从产业政策体系方面进行有效的梳理，明确当前的产业政策、制度体系等，认识其对家庭服务业的促进作用和影响，以及可能存在的不足，如此才能为后续的体制机制变革、制度完善等创新提供支持。

从产业层面看，需要认识企业如何在产业中获得超额利润和持续竞争优势。Porter（1980）认为，企业能够创造超额效益和持续竞争优势主要是依靠执行成本领先、差异化和集中战略。创新作为一种战略能帮助提升竞争优势。尽管关于战略和创新之间关系是明显的，但大部分相关的研究主要是关注创新或者战略（Adler et al.，1992；Englund & Graham，1999；Krinsky & Jenkins，1997），很少整合两个领域。结合当前家庭服务业的市场运行情况看，依然存在企业规模参差不齐、同质化竞争严重、行业监管力度不够等现实问题，这要求必须采取切实有效的创新行动来形成有效的解决方案。

从企业层面看，创新对企业层面内的影响主要是目标实现的一种规范引导（Tidd et al.，1997）。例如，Van der Panne 等（2003）识别了一些成功或失败创新的因素。然而，结合家庭服务业而言，如何结合企业发展的阶段性特点、现实基础等推动业务创新，也是保障家庭服务企业实现持续发展的关键所在。我国逐渐成为中等收入国家后，居民消费结构会发生变化，家庭服务社会化程度进一步提高。随着人们工作和生活节奏的普遍加快，为了提高工作效率和生活质量，人们必然产生对家政服务的更多需求。家庭服务的业务项目会根据其技能要求、知识储备、价值创造而存在较大的差别，涉及如煮饭、洗衣、维修、保洁、卫生等简单劳务型服务，以及护理、营养、育儿、家教等专业型服务，如何结合社会中存在的差异化需求来逐渐创新出新的服务项目来加以满足，则是家庭服务业企业在创新活动中的重要内容。

第三章　发达国家和地区家庭服务业发展概况

虽然家庭服务业作为一种关联日常生活的行业，自发产生于社会经济活动中，但正式的家庭服务产业体系在一些发达国家和地区已经较为完善。相比较而言，目前我国家庭服务业的发展水平大致相当于发达国家 20 世纪 70~80 年代的状况。当时的发达国家和地区之所以出现家庭服务业的快速发展，主要是由于这些国家和地区已经完成特定阶段的产业结构调整和升级，开始进入服务型社会中，例如，出现了人口老龄化的问题。伴随着人口的老龄化则需要长期医疗护理和日常生活护理的患病老年人日渐增多，并由此导致老年人护理需求急剧增加。从这些发达国家和地区的家庭服务业的发展情况看，每个国家都具有不同的特色，这也是值得我国家庭服务业今后需要学习和借鉴的。参考发达国家和地区发展家庭服务业的实践和经验，可以有效促进我国家庭服务业实现跨越式发展。其中的关键在于需要把国际经验作为参照系，与国内行业企业发展实践相融合，对家庭服务业发展进行超前规划，确定不同阶段的发展重点，最终建立健全符合国际惯例的家庭服务业发展机制。

一、日　本

自从“战后”日本经济复苏以来，整个社会出现跨越式发展，家庭服务业的发展也是伴随着经济增长而同步进行。其中，发展较为迅速的家庭服务业项目是养老看护——“看护养老服务”模式，这也是同日本的社会现实情况紧密结合在一起的。

自20世纪70年代开始，日本逐渐进入老龄化社会，解决老人看护问题也成为日本社会经济中日趋迫切的现实问题之一。为了应对因为老龄化社会所带来的老年人护理问题，日本于1987年实施了《社会福利及看护福利法》，通过加强专业养老服务人才的教育培养工作，设置并完善相关的专业体系以确保社区养老服务的需求。自1990年开始，日本制定了《高龄者保健福利推行十年计划》，即加大对家庭和福利机构的基础设施建设，以及看护人力培养的培养力度来推动社会养老问题的解决。1997年，日本制定了《看护保险法》，并于2000年开始实施，其中将看护保险制度由原来的老人福利和老人医疗合二为一，构建了更为便捷、公平、有效的老人看护支援机制。2000年，日本又制定了《2005~2009年看护雇佣管理改善五年计划》，其中包括改善看护劳动者雇佣管理、开发并提高看护劳动者能力、强化看护领域的人力需求调整等内容，并推出了重视预防、建立社区型服务的护理医疗新体系。最近几年以来，日本围绕老人看护开展医疗、护理、保健和生活等相关的家庭服务项目，让已经加入社会保险的老年人可以大部分时间住在自己家里接受各种项目服务。现今日本的养老护理服务可以归纳为“在宅服务”（居家养老服务）和“设施服务”（即在养老机构接受全方位的服务）。其中，“在宅服务”即经过专门培训的家庭护理员上门对老人服务，包括身体护理、家务及生活咨询等，定期用车接送老人到养老院活动或到“日托护理中心”，对其进行各种服务，具体业务包括上门护理（家庭服务员）、上门帮助洗浴、上门帮助康复、日托康复、居家疗养指导、日托护理、短期入住设施、痴呆老人生活护理、收费老人福利院护理等。

目前，日本针对快速发展的老龄化需求，已经构建了较为便捷、公平、有效的老人看护救援机制。从以养老看护为显著特征的日本家庭服务业发展看，可以发现日本政府在推动家庭服务业发展的过程中起到了很大的主导作用。为了解决社会养老问题，日本政府不仅积极推动各项相关法律、制度的制定和实施，以及一系列有利于推进家庭养老的社会保障措施的完善，而且还不断加大财政投入，负责制定针对老年提供服务的标准。例如，如果子女照顾 70 岁以上收入低的老人可以享受减税，得到贷款等福利待遇。同时，日本政府还通过市场机制推动社会资本进入养老服务业以缓解政府财政的负担，充实服务内容，扩大社会保障的财源，促进老年人的医护保障等社会服务产业发展。然而需要认识的是，养老服务属于家庭服务业中的一种比较特殊的业务类型，其中既有经济性，也有公益性。为此，不仅需要政府对养老服务领域采取一定的政策倾斜和扶持，而且还需要相关社会主体的参与，利用市场化机制推动其发展和完善。

二、英　国

英国在 1971 年成立了英国社会服务部来推动家庭服务业的发展。英国的家庭服务业的服务项目中包含帮助老年人、残疾人和其亲属、儿童和年轻人、智力残障的人以及他们的家庭。英国的家庭服务业属于典型的混合经济型服务模式，国家、非营利机构，志愿组织和私人的服务之间构成了相互作用、相互补充、相互挑战、互为动力机制的关系模式。因此，政府在社会服务中依旧发挥其主导作用。英国家庭服务的相关支出，实际上绝大部分来自政府的预算，特别是大多数的资助来源于地方和中央政府，也有许多被政府的免税所代替。目前，在英国家庭服务业中已经形成了准市场的方式，即购买方与提供方分离。准市场经常不是基于自由竞争，而是根据照顾服务的标准和质量。例如，根据国民立法，因地方政府监督而保持了高标准的服务。政府不再具体操作办理，而是交给志愿组织和私人机构去操作和执行。政府的角色存在两个方面：一是作为出资者、政策法规制定者与监督者参与到社会交易活动中；二是由政府来购买服务，从而在福利服务领域内形成一个准市场来推动家庭服务业的发展。

虽然“英国管家”在世界都比较有名，但在英国本土，大部分管家属于外部劳动力的涌入，并不能代表本土家庭服务业的特色。能代表英国家庭服务业，且比较有特色的家庭服务业项目是儿童看护，即我国目前的幼儿托管业务。为帮助单亲家庭、年轻人、残疾人和长期失业者就业，英国政府开始引入了“工作福利”计划，并于1998年提出了国家儿童看护战略，并发布了《迎接儿童看护的挑战》绿皮书。其中提出，国家要保证每位0~14岁适龄儿童都能享受高质量的看护计划，并通过经过受过培训的福利之家和日托中心等主要服务组织提供不同种类的社会服务工作，以帮助那些行为不便的人享受家庭生活。其中的关键内容在于由国家财政提供专项资金来支持家庭享受儿童看护服务，并以补贴的形式发放而使普通家庭受益。1999年，英国政府宣布托幼服务的提供者和居家保姆需要遵守“八岁以下儿童日间照料与托幼的国家标准”，该标准于2001~2003年施行，2003年正式实施。作为配套措施，英国政府进行相关税收抵免，例如，只要家庭中有未成年人或残疾人，并且符合以下条件之一的都可以享受税收抵免：属于单亲家庭，夫妻双方的父母都属于工薪阶层，夫妻双方每周均是长时间工作等。近些年来，英国政府也开始实行专门针对工薪阶层家庭享受儿童看护服务的税收抵免的优惠政策。

三、菲 律 宾

菲律宾是世界上最重要的家庭劳务输出国之一，也是发展家庭服务业比较成功的国家，拥有著名国际劳务品牌“菲佣”，来自“菲佣”国际业务的资金流入已经成为国家外汇经济收入的重要来源。从20世纪80年代开始，菲律宾将发展家庭服务业作为国家经济发展的重要战略任务来进行推动，并逐渐形成了一条由劳务中介公司、技能培训学校及认证中心等构成的完整的家庭服务产业链条。通过与海外家庭服务市场的激烈竞争，“菲佣”群体的素质不断增强，最终形成了专业而周到的服务标签，由菲律宾输出的家政服务人员也被誉为“世界上最专业的保姆”。

根据菲律宾外交部提供的最新统计数据，目前在海外工作的菲律宾劳工多达 823 万人，相当于菲律宾人口总数的 11%，大约每两个家庭中就有一人在海外工作。菲律宾劳工遍及在全球 190 多个国家和地区，据统计，仅 2007 年一年，菲律宾吸收的海外汇款就达到 144 亿美元，占菲律宾国内生产总值的 10%左右。“菲佣”作为一种家政服务的品牌，占据了东南亚、欧美国家这些成熟的家庭服务市场的绝大部分份额，被许多国家和地区所接受。如今，菲律宾国内有家庭服务员 190 多万人，海外就业人员超过 900 万人，主要分布在亚洲（占 25%）、欧洲（4%）和美国（2%），最大市场是中国香港及科威特、沙特阿拉伯等国家，已成为菲律宾的经济支柱之一。

菲律宾政府在国家层面对推动家庭服务业的发展起到了重要作用。特别是在家庭服务业的起步阶段，菲律宾政府制定了一系列政策措施积极开拓海外劳动力市场，并积极落实国家有关促进家政服务企业发展的政策措施，例如，在注册登记、市场融资、连锁经营、品牌推广等方面给予指导和扶持，积极培育了竞争力和辐射带动能力强的知名家庭服务品牌。同时，在全方位的配套教育上，无论是政府还是社会，都对此投入很大的资源，不仅有国家出资建立的大量培训学校，还有社会资本出资建立的培训学校。这也使通过培养教育出来的家庭服务从业人员具有了相当水准的专业性技能，能适应市场中不同层次的客户需求。

为了推动家庭服务业发展，菲律宾政府从 2007 年 3 月开始推行海外就业改革计划，所有前往海外提供家政服务的人都必须前往技术教育和技能开发署授权的培训学校接受 210 个课时的技能训练。技能培训课内容包含使用各种常用的家用电器、洗熨各种面料的衣物、清理房间、根据菜谱烹饪适合雇主口味的饭菜、照料老人和儿童等。语言和文化课的培训与考核由菲律宾海外劳工福利管理局免费提供，所有首次出国提供家政服务的菲律宾劳工都必须参加。海外劳工福利管理局目前提供的有阿拉伯语、希伯来语、中文普通话、广东话以及英文培训 5 门课程。通过考核的从业人员将由菲律宾的技术教育和技能开发组颁发国家技术认证的 NCII，有效期 5 年。通过这种培训，在一定程度上提升了家庭服务从业人员的素质。

除了国家推动的家庭服务教育之外，社会参与的家庭服务培训中心也承担着家庭服务从业人员的培训和教育工作。虽然很多的菲律宾大学都设有家政专业，但大部分家政专业学生毕业后，还需要进入一个后续培训机构，接受岗前培训，方可上岗或到国外就业。目前在菲律宾技能培训和开发部门登记的培训中心已多达近 4500 个，所提供的培训课程也覆盖了生活哲学、家居管理、家庭伦理、家庭教育、家庭保健、人文艺术、食品管理、烹饪制作、手工工艺、餐饮与酒吧管理等领域。此外，菲律宾家庭服务业的兴旺与菲政府的高度重视和相对完善的政策措施的支持是分不开的。

菲律宾在大力发展“菲佣”品牌的同时，也非常重视对家政服务人员的管理和权益保护。菲律宾先后通过了《劳工法》《海外劳工和海外菲律宾人法》，进一步明确了政府部分的监管职责和雇主与家政雇佣工人各方面的权益。例如，家庭佣人雇佣要签订合同，合同期限为 2 年。合同明确雇主与家庭佣工之间的关系是由劳动合同决定的，雇佣双方是平等的。通过这种相对较为健全的制度保障体系的支撑，家庭服务业从业人员的利益得到最大限度的保护，也为家庭服务业的发展提供了助力。

四、法　国

从 2005 年起，法国的家庭服务业成为产值和吸纳就业人数增速最快的行业之一。其中，养老等家庭服务业一直是法国国家经济发展中的优先发展产业。法国政府通过发展家庭、养老服务业进一步改善了社会保障，创造了更多的就业岗位，从而刺激了经济发展。法国政府拨款 9.28 亿欧元鼓励创办家庭服务企业，目标是在尽可能短的时间内创造 50 万个“个人服务业”的就业岗位。同时，鼓励专业私营企业进入家庭服务业市场，为家庭和个人提供更为优质、具有更高专业含量的服务，使法国家庭服务企业数量在短短的 2 年间猛增 10 倍。

法国之所以大力促进家庭服务业发展主要是出于两方面的考虑：一是作为社会保障的官方保证方，需要帮助属于弱势群体的个人；二是解决失业问题。1991 年的行业准入规定，只允许协会性质的机构涉足家庭服务业。1996 年 1 月 29 日的法律及当年 6 月 24 日颁布的实施细则，则允许商业机构进入，从而实现了多种元素的共同作用。2005 年，以“个人服务业”为名称的家庭服务正式出现在《法国个人服务业发展纲要》，并将一些新的服务项目列入了可减税的个人服务范围。例如，看管住宅、代办行政手续、帮助使用电脑和上网等传统的家庭服务项目。2009 年 3 月 24 日，法国政府发布了新的个人服务业发展纲要对家庭服务业的未来发展方向进行引导。

法国服务业领域非常广泛，仅养老服务业就可以分为两大类——居家养老服务业和机构养老服务业。如今，法国政府将养老服务业归属个人服务业下的家庭服务业。个人服务业被定义为，各种有助于个人在其生活场所——包括居住、工作和娱乐场所中的“福利改善”或获得“更佳生存”的行业总体。《劳动法》第 D7231-1 条列举了可被允许的具体的个人服务业务项目：“本法规定的上门个人服务指的是与下面活动有关的服务：看护儿童，帮助老年人、残疾人或其他需要在家里得到个别助理或需要别人帮助他们到附近地方活动的个人，以便维持他们在家里的日常生活，以及有关企业和协会得到允许的家务活”，具体包括 21 项。

法国家庭服务业提供服务的模式有三种：服务机构模式、代理机构模式、直接雇佣模式。其中，服务机构模式是用户求助于某机构，并支付一定的费用作为对方提供服务的报酬。有关服务由该机构组织实现，上门服务的人员是该机构的员工。作为这些服务人员的雇主，该机构负责人员的管理，解决工资方面的纠纷，执行劳动法和与劳动法有关的劳资协议原则。采取这种服务模式的通常是非营利的协会性质的机构或营利性的私人企业。代理机构模式，用户是上门服务人员的雇主，求助于某机构（代理机构）帮助他来履行雇主的职能，代理机构负责办理人员雇佣及其工作合同的管理相关的行政手续。直接雇佣模式则是基于双方意愿，用户直接雇用服务人员并履行他作为雇主的责任，个人雇主单独完成有关劳工聘用的行政手续，并单独安排服务人员的工作，执行个人雇主的劳资协议。

在法国政府推动家庭服务业发展过程中，比较有特色的是在全国推行包括养老服务券在内的通用服务券。从 2006 年开始，法国政府在服务券领域引入了市场机制来提高服务质量、增加服务供给，这在一定程度上培育了家庭服务业市场。在通用服务券的使用流程中，由一家或几家通过家庭服务管理局认证实力较强的公司发行，企业或个人均可以购买。企业购买后，将服务券作为员工福利以较低的折扣出售或发放给员工，员工既可以自己使用，也可以送给父母。使用人凭服务券向养老服务提供商要求服务，服务券发行商最终与养老服务提供商进行结算。为了进一步推动服务券市场发展，法国政府还制定了一系列的配套政策和优惠措施，包括企业购买服务券可以抵减税收，得到税费的优惠，员工或其父母以较低的价格享受到较高价值的服务。在每人 1830 欧元/年的限度内，企业可为员工购买养老服务券而免缴任何社会保险费；给予支付养老服务券总金额 25%的税收减免，减免额最高可达 50 万欧元。如此一来，来自社会家庭的服务需求被进一步激发和释放，整个家庭服务业也实现了良性循环。

五、中国台湾地区

随着医疗科技进步，平均余命延长，社会结构变迁、家庭结构改变，平均每户人口数下降（由 1986 年的 4.33 人降为 2005 年的 3.12 人）、少子女化（从 2000 年的 1.68 人到 2005 年的 1.12 人），妇女大量再就业（2005 年女性劳动参与率为 48.12%）等因素，以及民众长期照顾需求开始增长，中国台湾地区开始重点发展家庭服务业，并于 2007 年 3 月 14 日通过“长期照顾十年计划”。

台湾地区家庭服务从业人员主要由三部分人员结合组成：一是照顾人员，这个主要是针对养老护理；二是保姆人员，主要是对未成年的婴幼儿照顾；三是家事人员，主要负责照顾服务、居家服务、日间照顾、家庭照顾、居家护理，以及小区及居家康复疗养等。从服务内容看，台湾地区的家庭服务照顾类型一般分为两种类性：一类是社区服务，服务项目主要包含社区内的照顾服务，包括日间照顾、家庭照顾、小区及居家康复疗养等；另一类是居家护理，主要是为家住老人提供照顾服务，一般都是提供专业服务，主要是由照顾服务员提供上门服务。为了推动家庭服务业的发展，台湾地区将工作重点放在推动从业人员素质、职能提升的职业培训发展上，即每一类服务从业人员都有一个详细的培训和发展的战略。同时，为了保证培训的质量，台湾地区实行职业转入的制度，从事照顾产业的所有人员必须执政才能上岗，护理、照顾服务员（包括保姆），除非取得相应的证照，才能进入工作岗位。例如，推拿、针灸、热敷等必须由专业的护理和物理治疗人员才可以执行这方面的业务。其中，在 1983 年颁布的《职业训练法》中明确指出，只有获得职业资格证书后才能就业。通过这些相关的规章制度，也进一步推动家庭服务业从业人员的职业准入和技能提升。

在家庭服务提供中，所有级别的从业人员都必须接受教育培训。居家服务员训练包括：职前训练，凡居家服务员均应参加职前训练，在训练期满后，经考评及格者，发给结业证书，并取得担任专职、兼职、志愿居家服务员的资格；进阶训练，为提升居家服务质量，当居家服务员从事居家服务满 6 个月以上可依居家服务督导员的建议，并视实际需要规划办理，在训练期满后，经考评及格者，发给结业证书；成长训练，为增强居家服务员专业技能，经职前训练及进阶训练及格，且再从事居家服务满 6 个月以上，可依居家服务督导员的建议，并视实际需要规划办理；训练期满后，经考评及格者，发给结业证书。居家服务督导员训练包括：职前训练，凡居家服务督导员均应参加职前训练，在训练期满后，经考评及格者，发给结业证书，并取得担任居家服务督导员的资格；进阶训练，为提升居家服务督导素质，居家服务督导员从事居家服务督导工作满 6 个月以上，需要视实际需要规划办理；训练期满后，经考评及格者，发给结业证书；成长训练，为增强居家服务督导员专业技能，经督导员职前训练及进阶训练及格，且再从事居家服务督导工作满 6 个月以上，需要视实际需要规划办理；训练期满后，经考评及格者，发给结业证书。

六、美　国

在美国，家庭服务从业人员不仅要接受完整的义务教育，还必须在公立或私立学校、学院或大学中接受专门的家庭服务方面的培训与训练。1862年，美国政府正式通过立法并提供资金来鼓励社会各级学校广泛开设家政教育课程，高校成立家政系。国家也从战略高度重视家庭服务业的发展，设立了全国统一的行政管理部门，制定了严明的行业管理规范，充分发挥行业协会的积极作用，并经常推动财政税收政策支持，重视与家庭服务相关的职业教育和人才培训。如今，美国家庭服务业已进入了发展的成熟期，其提供的与人们家庭生活息息相关的各种服务专业性很强，从业人员的服务技术含量和文化修养较高，非常注重服务质量与生活营养、艺术、文化等方面的有机结合，与家庭服务业发展相关的研究目前主要涉及儿童发展与家人关系、食物与营养、家庭管理等方面，相关的研究正不断拓展到更多、更深的领域。

七、国外家庭服务业发展对我国的启示

截至2008年，我国城镇居民人均GDP已突破3000美元大关，已经步入家庭小型化、人口老龄化、生活方式多样化和家务劳动社会化的新阶段。在这个发展阶段中，城镇家庭服务业的发展潜力巨大，同时在社会中对操持家务、照料老人、看护婴儿、护理孕妇、家务管理、家庭教育等家政服务需求也呈现快速增长趋势，表明我国迎来了家庭服务业发展的良好时机。发达国家在推动家庭服务业上，已经走在我国的前列，其中有些好的经验是值得我

们去学习和借鉴的。

在行业管理方面，关于家庭服务的界定、行业管理部门、社会组织机构的建设上，相关国家已经形成了很好的管理范式，具有明确的负责主体，不会出现职能交叉，而在政策制定上不会出现重叠或分立。在扶持措施方面，很多国家在促进家庭服务业发展时就制定了较为明晰化的战略规划编制，就此推动实施了扩大财政投入、用服务消费抵免家庭纳税的政策，并充分利用财税政策杠杆等政策工具。在完善市场方面，很多国家已经逐渐建立和完善了多元化、规范化的服务供给体系及供需沟通的平台。例如，法国通过政府采购消费券来培育家庭服务市场。在提升服务质量方面，推动家庭服务从业人员培训，建立完备的职业培训制度是所有国家比较现实的做法，这不仅实现了对企业的规范化管理，而且在一定程度上为产业发展提供了源源不断的、高质量的后备人力资源。

虽然我国家庭服务业发展起步较晚，但可充分吸收其他发达国家的成功经验，跳跃某些低水平阶段，少走弯路。例如，在条件许可下选择高起点，实现跨越式发展。特别是在我国现实的情境下，人口老龄化提速、经济发展方式转变、产业结构升级和区域经济梯度等同步进行，更需要基于创新的思维从中找到符合我国家庭服务业的业务增值点。但不能忽视的是，我国家庭服务业发展也具有自身的特点，需要结合我国现实社会的情境继续进行，有选择地消化吸收，如此才能更好地推动家庭服务业实现快速的跨越式增长。

我国的现实情况还处于经济转型时期，还存在复杂的产业结构。与国外不同的是，国外家庭服务业发展是基于工业转型的基础上实现的，家庭服务从业人员不仅有第二产业的转移，大量还是来自第一产业的转移，这就需要在宏观层面上处理好三个产业之间的关系，并尽可能避免陷入产业不协调发展的经济怪圈。在国家层面，需要充分发挥政府引导、市场主导、社会参与的作用，逐步完善涉及家庭服务业的投资、金融、劳动关系、社会保障、社会组织等方面的政策法规，积极推动家政服务、养老服务、社区照料服务和病患陪护服务以及其他家庭服务业态的法规规章和政策措施的制（修）订工作。在社会层面，需要以中心城区为基点推动家庭服务业的快速发展。尤其是在面对“井喷式”的需求无法在短期内满足而导致需求和供给的不均衡时，更需要深化积极探索对接服务供需、规范服务质量的其他有效方式，有效整合现有资源，实行规范化服务。此外，作为一个新兴的服务行业，各地家政服务业的发展基础、市场容量、现有条件以及消费特点等也不尽相同，在推进家政服务业发展的过程中，需要各地从实际出发，不断创新，努力探索多种有效途径，而不可盲目采取“一刀切”的方式。

第四章　我国家庭服务业管理机构和配套政策

家庭服务业作为生活性服务业中的重要行业，也是我国在“十三五”期间重点发展和扶持的内容之一。近些年来，从国家到地方的各级政府都非常重视发展家庭服务业，制定了一系列的政策，采取了一系列的措施，以加快推进家庭服务业发展，使家庭服务业呈现快速发展的态势，带动了社会就业。在当前和今后的一个时期内，我国经济社会发展会呈现新的阶段性特征，面对新形势和任务要求，必须深刻认识和准确把握我国经济发展新时代的变化及特点，积极探索新形势下相关产业发展的客观规律。在供给侧改革的推动下，其中的一个重要内容是转变经济发展方式，推动国家经济转型。在国家层面已经提出，需要推动家庭服务业实现跨越式发展，其中的重要任务是做好顶层设计，在国家管理职能、产业政策层面能够有所突破，通过有效的变革来形成有利于家庭服务业发展的体制机制，进一步完善管理机制，并使相关政策在调整优化家庭服务业结构、转变经济发展方式、促进国民经济全面协调可持续发展中发挥出更大的作用。

一、家庭服务业管理机构

家庭服务业属于生活性服务业的范畴，提供的服务除了包括家政、养老、社区照料、病患护理等传统服务项目外，还包括健康、医疗、社会服务等现代服务项目。相对其他行业来说，不仅和民生相关，而且与社会就业存在紧密相连，具有很大的复杂性。例如，相关的从业人员会涉及不同层次的人员，既有大量的进城农民工，也有企业下岗工人，还有新增的社会就业人员等，因此与家庭服务业发展存在相关的管理机构也就具有多元性，既有政府职能部门，也有非政府组织。

（一）人力资源和社会保障部

人力资源和社会保障部是推动农民工就业，促进社会和谐劳动关系，打造国家人力资源储备体系的重要政府部门。家庭服务业创新发展的一个重要导向就是创造新的就业岗位，培养优秀人力资源，特别是家庭服务从业人员的主要来源之一是农村务工人员，这要求人力资源和社会保障部在推动家庭服务业创新发展工作上承担更为重要的责任。人力资源和社会保障部在成立之初时，就专门成立了农民工工作司来进行综合管理，其中家庭服务业处的主要职能是负责推动涉及家庭服务业创新发展政策的研究，战略措施的落实，为国家层面的家庭服务业持续、健康发展提供指导和服务。

人力资源和社会保障部在家庭服务业创新发展中的重点工作是推动家政服务、养老服务、社区照料服务、病患陪护服务、残疾人居家托养服务等家庭服务业态的创新，满足家庭的基本需求。同时，健全公共就业服务制度，强化就业、失业管理，完善服务功能，规范服务流程，改进服务方式，努力提高服务质量；加强就业信息化建设，建立健全覆盖全国的就业信息监测平台，不断完善全国招聘信息公共服务网，提高就业服务效率；加强职业培训制度和能力建设，大规模开展就业技能培训、岗位技能提升培训和创业培训，强化实际操作技能训练和职业素质培养。例如，按照人力资源和社会保障部印发的《关于加强中心城市家庭服务体系建设的通知》要求中提出，今后会通过积极构建中心城市家庭服务体系，包括工作机制、政策扶持、资金投入、基础保障等各个方面的工作；推进城市社区家庭服务站点建设，建立家庭服务业工作的考核指标体系和考核机制；加强基层公共就业服务平台建设，健全覆盖城乡的公共就业和人才服务体系，着力推进公共就业服务均等化；加快制定相应的劳动用工政策及劳动标准，规范对从事家庭服务人员的管理，维护家庭服务从业人员的合法权益等一系列工作的开展来促进家庭服务业发展。此外，为了加大相关政策的扶持力度，人力资源和社会保障部还联合其他部门从财税、金融等方面对企业开办、融资、品牌建设等方面给予支持，促进家庭服务企业开展相关的创新活动。

（二）国家发展和改革委员会

国家发展和改革委员会在国民经济发展和建设中具有重要作用，主要职能包括：拟订并组织实施国民经济和社会发展战略、中长期规划和年度计划，统筹协调经济社会发展，研究分析国内外经济形势，提出国民经济发展、价格总水平调控和优化重大经济结构的目标、政策，提出综合运用各种经济手段和政策的建议；推进经济结构战略性调整，组织拟订综合性产业政策，负责协调第一、第二、第三产业发展的重大问题并衔接平衡相关发展规划和重大政策，做好与国民经济和社会发展规划、计划的衔接平衡；协调农业和农村经济社会发展的重大问题。由于家庭服务业的创新发展不仅是国家经济结构调整的重要任务，也是关系到农业和农村经济社会发展的重大议题。

社会发展司人口发展处承担推动家庭服务业创新发展的重要任务，涉及相关规划的资金、投入和政策制定三个方面，主要职能包括：分析全国及各地区社会发展形势；提出社会发展战略、经济与社会协调发展宏观政策，以及提高人民生活质量、人力资源开发、促进人的全面发展及改善健康保健条件等重大措施；协调社会发展和改革的重大问题；研究提出社会事业发展、产业发展和管理体制改革的政策措施；参与相关法规的制定。在“十三五”期间，国家发展和改革委员会开始注重服务业的发展，并把大力发展生活服务业作为日常工作的重要内容，明确提出要以家庭为服务对象，提出以社区为重要依托，重点发展家政服务、养老服务和病患陪护服务等，形成多层次、多形式的家庭服务市场和经营机构。为了明确这个方向，编制了《服务业创新发展大纲（2017~2025 年）》的通知（发改规划〔2017〕1116 号），将家政服务和养老服务作为创新的重点，其中家政服务需要“加快建立供给充分、服务便捷、管理规范、惠及城乡的家政服务体系。引导社会资本投资家政服务，鼓励有条件的企业品牌化、连锁化发展，支持中小家政服务企业专业化、特色化发展。加强服务规范化和职业化建设，加大对家政服务人员培训的支持力度，制定推广雇主和家政服务人员行为规范，促进权益保护机制创新和行业诚信体系建设”；养老服务则是通过“全面放开养老服务市场，丰富养老服务和产品供给，加快发展居家和社区养老服务，建立以企业和机构为主体、社区为纽带的养老服务网络”。

（三）财政部

财政部是中央财政的重要管理单位，在推动国家经济建设上承担着合理财政规划、支出和审核等任务，主要职能包括：拟订财税发展战略、规划、政策和改革方案并组织实施，分析预测宏观经济形势，参与制定各项宏观经济政策；提出运用财税政策实施宏观调控和综合平衡社会财力的建议；拟订中央与地方、国家与企业的分配政策，完善鼓励公益事业发展的财税政策；负责组织起草税收法律、行政法规草案及实施细则和税收政策调整方案；会同有关部门管理中央财政社会保障和就业及医疗卫生支出，会同有关部门拟订社会保障资金（基金）的财务管理制度；负责办理和监督中央财政的经济发展支出、中央政府性投资项目的财政拨款，参与拟订中央建设投资的有关政策，制定基本建设财务制度。

经济建设司商业处主要负责推动家庭服务业发展的相关工作，主要职能是牵头与国家发改委等有关部门研究制定财政投资的有关政策，参与项目安排；负责管理国家物资、粮食、棉花、食糖、医药等专项储备资金和政策性补贴；会同分管部门（单位）研究提出经费开支标准、定额、年度预算和专项资金支出预算建议；负责监督分管部门（单位）预算的执行；对专项资金追踪问效，检查项目实施中资金的管理使用和配套到位情况，进行项目的效益考核；制定部门（单位）和项目资金使用的财务管理办法；审核和批复分管部门（单位）的年度决算等。

近年来，财政部一直高度重视家庭服务业发展，研究创新财政支持政策，取得积极成效。特别是随着我国经济的迅速发展和人民生活水平的不断提高，家庭服务需求快速增长，财政部通过制定相关的政策，加大财政资金投入等方式来大力发展家庭服务业，有力推动了促进就业、改善民生、扩大内需、调整产业结构等工作。同时，加强财政科学化、精细化管理，不断完善财政资金管理制度和办法，完善支持方式，突出支持重点，努力提高资金使用效率，逐步将发展家庭服务业纳入中央和地方社会事业及民生工程扶持范围，重点扶持优秀家庭服务企业做大做强，将符合条件的企业纳入中小企业发展专项资金、小企业创业基地和中小企业信息服务网络中。例如，与其他相关政府部门联合发文来推动家政人员培训、家政服务信息平台建设、城市家政服务体系建设试点等工作。

（四）商务部

商务部是主管商业经济和贸易的组成部门，主要职能包括：负责指导流通企业改革、商贸服务业和社区商业发展，提出促进商贸中小企业发展的政策建议；推动流通标准化和连锁经营、商业特许经营、物流配送、电子商务等现代流通方式的发展；承担牵头协调整顿和规范市场经济秩序工作的责任，拟订规范市场运行、流通秩序的政策。家庭服务业属于生活服务业中的重要部分，因此，商务部也是我国家政服务行业的主管部门之一，负责监督管理家庭服务机构的服务质量，指导协调合同文本规范和服务矛盾纠纷处理工作，其中县级以上商务主管部门负责本行政区域内家庭服务业的监督管理。

服务贸易和商贸服务业司业务一处主要承担家庭服务业发展的相关工作，其主要职能是负责研究“保健和社会服务”等重点服务领域及开展相关的国际交流与合作，联系相关部门和企业；负责拟订生活性服务行业的政策、规划、法规、标准等；负责生活性服务业创新和发展模式的研究和推进；负责规范相关生活性服务行业发展；承担生活性服务业的行业管理工作；负责推动建立健全家庭服务体系、早餐工程等生活性服务领域的重点工作。

近年来，商务部在完善法规标准，制定政策措施，加强行业管理，规范行业行为，引导行业发展等方面做了大量工作。通过运用中央财政资金，先后支持165个地级以上城市建立了家庭服务中心，支持培育了400多家大型的、规范的家庭服务企业，支持培训了80多万家庭服务从业人员，有效地推动了我国家庭服务业的健康发展。在日常工作中，商务部根据区域经济、产业优势和城市化发展需要，研究制订科学的家庭服务业发展规划，重点抓好家政服务网络中心建设、企业培育和从业人员培训等方面的规划制定与落实。同时，按照家庭服务业发展规划与城市服务业发展总体规划，积极增强家庭服务业规划的可操作性，不断优化网点布局。此外，通过制定一系列规章、办法和标准等，规范服务贸易经营秩序，指导服务贸易标准化体系建设，包括家庭服务标准化体系，并加快建立健全企业调配、资质认定、质量监督、教育培训等工作的实施。

（五）民政部

民政部在国家经济发展中是负责社会行政事务的重要部门，主要职能包括：拟订民政事业发展规划和方针政策，起草有关法律法规草案，制定部门规章，并组织实施和监督检查；拟订城乡基层群众自治建设和社区建设政策，指导社区服务体系建设；指导老年人、孤儿和残疾人等特殊群体权益保障工作；会同有关部门按规定拟订社会工作发展规划、政策和职业规范。在家庭服务业发展中，不仅涉及家庭养老服务，而且还涉及社区化工作，因此，民政部在家庭服务业的发展中承担着重要任务。

由于家庭服务业自身特点存在较复杂的原因，既包括养老，也包括社区服务，在民政部中，分别由社会福利和慈善促进司老年人和残疾人福利处负责拟订老年人、孤儿和残疾人等特殊群体权益保护政策，基层政权和社区建设司城市工作处负责家庭服务的社区化工作。其中，前者的主要职能是通过政府宏观管理、有关部门配合、社会力量兴办、社会福利机构自主经营的管理体制的要求，以充分发挥职能作用，依法做好指导、协调、扶持和管理工作，促进社会养老机构和企业的健康发展等；后者的重要职能是积极推进以就业、社会救助、社会保障、社会治安、医疗卫生、计划生育、文化、教育、体育、环境保护等为主要内容的政府公共服务覆盖到城乡社区，拟定社区服务体系建设规划等。

自“十三五”以来，民政部一直通过推动养老服务体系发展和社区化建设工作来促进家庭服务业发展。在具体工作中，开展老年人居家养老服务、社会福利机构护理与康复服务规范、社区公共服务标准、和谐社区建设评价指标等标准制修订和宣传贯彻工作；探索建立社会工作人才专业服务机制，支持社会工作人才成立专门服务机构，直接为有需求的家庭或个人提供专业化、个性化、精细化服务；进一步加强养老护理员等技能人才队伍建设，广泛开展养老护理员职业技能培训，支持家庭服务职业教育发展；提高家庭服务类社会组织自身能力建设，完善法规政策体系，规范劳动用工制度，加强自律与诚信建设，改进对家庭服务类社会组织的管理方式。

（六）全国总工会

全国总工会是中国共产党领导的职工自愿结合的工人阶级群众组织，是党联系职工群众的桥梁和纽带，是国家政权的重要社会支柱，主要职能包括：对有关职工合法权益的重大问题进行调查研究；参与涉及职工切身利益的政策、措施、制度和法律、法规草案的拟定；参与职工重大伤亡事故的调查处理；指导各级工会组织开展以职工代表大会为基本制度的民主选举、民主决策、民主管理和民主监督工作，推动建立平等协商、集体合同制度和监督保证机制的工作。全国总工会保障工作部主要负责推动家政服务业发展的相关工作，主要职能包括：负责参与有关职工劳动就业、收入分配和社会保险的政策和法律、法规草案的研究和拟定；参与涉及职工切身利益的社会救济、物价、住房等政策的制定；指导和组织实施送温暖工程，维护特困职工的困难职工群体的合法权益；参与退休职工有关政策的研究和拟定；负责职工疗（休）养事业的规划、管理和指导。

全国总工会通过发挥各级工会组织的网络优势，积极引导更多下岗失业人员、农民工从事家政服务业。同时，开展规范化技能培训，提高家政服务员的职业技能水平和职业道德素质；强化供需对接，做好家政服务人员的就业安置工作；创新管理维权服务模式，在家政服务人员、家政服务企业和家庭用户之间发展稳定和谐的劳务关系。例如，在全国范围内广泛开展全国工会“立白家政服务促就业工程”就是依托工会培训机构和各地家政服务企业的合作而促进农民工就业。此外，全国总工会还从完善优惠扶持政策、提高产业组织化程度、提高从业人员技能水平等多个方面进一步推进家政服务产业化，使家政服务业成为扩大就业的重要增长点。

（七）共青团中央

中国共产主义青年团的主要任务是为国家培养青年建设人才，带领广大青年自力更生，艰苦创业，积极推动社会主义物质文明、政治文明和精神文明建设，为全面建成小康社会、加快推进社会主义现代化贡献智慧和力量。家庭服务业从业人员中很大一部分属于青年团员，因此，促进青年进入家庭服务业就业创业，也成为共青团的一项重要工作。共青团中央农村青年工作部和城市青年工作部主要负责在促进家庭服务业发展中的相关工作，主要职能是充分发挥共青团组织联系广泛、社会动员能力较强的优势，巩固和扩大与相关部门的合作，深入推进农村、城市青年创业就业行动，扎实推进就业、创业培训工作，推进农村青年创业就业行动。共青团中央还通过开展“见习岗位对接月”等活动，积极与政府职能部门进行沟通协作，出台支持政策和措施，形成见习基地工作的整体合力，广泛动员企业参与和支持“青年就业创业见习基地”，组织实施青年就业见习活动，集中开展好“见习岗位进校园”“见习岗位进社区”“见习岗位进人才市场”等活动，全力推进见习岗位对接工作。在具体实践工作的开展中，共青团中央还利用其领导的青年企业家协会等社会组织，通过积极推动社会创业等，形成了一批具有典范性的家庭服务企业，例如华夏中青等。

（八）全国妇联

全国妇联是中国各族各界妇女的群众组织，具有广泛的代表性、群众性和社会性，主要职能包括：团结、动员妇女投身改革开放和社会主义现代化建设，促进经济发展和社会全面进步；教育、引导广大妇女，增强自尊、自信、自立、自强的精神，全面提高素质，促进妇女人才成长；参与有关妇女、儿童法律、法规、规章的制定，维护妇女的合法权益。家庭服务业已经成为城市生活的迫切需要，同时家庭服务业又存在门槛低、就业方式灵活，技能要求相对较低，是妇女创业、就业的优势产业，因此，全国妇联也承担了促进家庭服务业发展的一个重要组织。

全国妇联妇女发展部主要负责承担推动家庭服务业发展的相关工作，主要职能是代表和维护妇女权益，推动妇女发展作为重要的职责，积极地发挥自己的政治优势，组织网络优势、工作载体等优势，参与有关妇女的法律、法规、规章制定，维护妇女合法权益，参与有关执法监督，推动落实各项补贴政策，并为妇女提供政策咨询、维权热线、法律援助等服务。妇联主要关注家庭服务业中服务、安置妇女就业等最关心、最直接、最现实的利益问题。近些年来，全国妇联通过大力实施巾帼助困行动、巾帼创业行动和巾帼社区服务工程，广泛开展优质服务进万家、中华妇女网上行等活动，为推进妇女创业、就业，促进家庭服务业发展做出了积极的不懈的努力，帮助一大批妇女实现创业、转移就业和再就业。在促进家庭服务业发展方面，全国妇联还积极帮助家政服务企业争取政策、争取支持妇女创业就业贴息贷款，扶持发展全国巾帼家政培训示范基地，扶持已有的巾帼家政品牌企业做大做强，对巾帼家政服务员开展培训，重点开展家政师资骨干、巾帼家政经理人的培训等工作。

在家庭服务业发展过程中，由于存在“多头”管理的问题，不利于家庭服务业的进一步发展。为此，中央编办（2009 年 14 号文）和国务院（2009 年 82 号文）明确提出，由人力资源和社会保障部牵头成立一个联席会议来发展家庭服务业。2009 年，国务院建立了由人力资源社会保障部、发展改革委、财政部、商务部、民政部、全国总工会、共青团中央、全国妇联 8 个部门参加的发展家庭服务业促进就业部际联席会议制度，并于 2009 年 7 月成立发展家庭服务业促进就业部际联席会议机制和家庭服务业办公室，专门负责促进家庭服务业发展有关事项。在 2010 年国务院印发的《关于发展家庭服务业的指导意见》（国办发〔2010〕43 号）中指出：建立由人力资源社会保障部牵头，有关部门单位参加的发展家庭服务业促进就业部际联席会议制度，组织研究发展家庭服务业促进就业的重大问题，推动制定和完善相关政策法规、规划计划和措施；联席会议成员单位按照各自职责，认真贯彻落实国家关于发展家庭服务业促进就业的各项政策措施；联席会议办公室要搞好统筹协调，促进工作落实；其他有关部门也要做好涉及家庭服务从业务人员的文化生活、公共卫生、计划生育、党团和工会建设等各项工作。通过这种组织机制的完善，以及相应部门的充分协调，进一步促进家庭服务业发展的管理和指导工作。2017 年 3 月，发展家庭服务业部际联席会议办公室还印发了《关于开展中心城市家政服务劳务对接行动的通知》，对在全国开展家政服务劳务对接扶贫行动作出全面部署，推动建立多层次的家政服务劳务对接平台。截至 8 月底，共达成跨省劳务对接协议 119 份。其中，省份与省份 28 份，中心城市与贫困县 43 份，企业与贫困县 48 份。目前，各省（区、市）和部分地级市也建立了工作协调机制，初步形成了联席会议统筹协调、各成员单位分工负责、行业协会开展自律的促进家庭服务业发展的工作格局。

二、推动家庭服务业创新发展的政策体系

产业政策既是国家宏观调控不可或缺的组成部分，也是调整优化产业结构、转变经济发展方式的重要手段，还是培育和提升产业竞争力、协调经济稳定运行的重要保障。目前，从国家到地方都开始强化相关政策的制定，并与其他经济政策协调配合，使相关政策体系不断丰富完善，有力地推动了家庭服务业的平稳、快速发展。

（一）国家层面的政策制度

在国家层面，根据国民经济和社会发展中长期规划及服务业发展主要目标，国务院印发了《关于加快发展服务业的若干意见》（国发〔2007〕7 号）、

《国务院办公厅关于发展家庭服务业的指导意见》（国办发〔2010〕43号）等文件，将鼓励发展家庭服务业作为发展生活性服务业的重要举措给予大力扶持，以家政服务、养老服务、社区照料服务和病患陪护服务四个业态为重点，明确了发展目标和政策措施，并要求各有关部门要制（修）订相关行业规划和专项规划，促进家庭服务业发展规划的实施。

2006年，十届全国人大四次会议通过了《我国有关国民经济和社会发展的第十一个五年规划纲要》。该纲要明确提出，我国要加快新型服务业的规划，尤其是社区家庭服务业，例如，社区家政服务、养老托幼、食品配送等新型服务业。并指出，家庭服务业在国家经济发展中具有重要作用，需要在“解决就业、发展产业、成为国民经济新增长点”上承担更为重要的责任，其社会定位是增加就业、改善民生、扩大内需和调整产业结构。

2010年，国务院印发了《国务院办公厅关于发展家庭服务业的指导意见》（国办发〔2010〕43号）。该意见提出，立足国情，从现阶段实际出发，坚持市场运作与政府引导相结合，大力推进家庭服务业市场化、产业化和社会化；坚持政府扶持与规范管理相结合，积极实施扶持家庭服务业发展的产业政策，倡导诚信经营，加强市场监管，规范经营行为和用工行为；坚持满足生活需求与促进经济结构调整相结合，通过发展家庭服务业，为家庭提供多样化、高质量服务，带动相关服务行业发展，扩大服务消费；坚持促进就业与维护权益相结合，努力吸纳更多劳动者尤其是农村富余劳动力，维护好从业人员的合法权益。意见同时也指出，为推动家庭服务业发展，需要实行发展家庭服务业的扶持政策，逐步规范家庭服务业市场秩序，提高从业人员职业技能，维护从业人员合法权益，加强发展家庭服务业工作的组织领导，并指明了家庭服务业的未来发展方向。

（1）信息化。依托家庭服务业公益性信息服务平台，健全供需对接、信息咨询、服务监督等功能，整合各类家庭服务资源，对家庭服务机构的资质、服务质量进行监督评价，形成便利、规范的家庭服务体系。支持社区居民自治组织为家庭提供信息服务；支持社会组织开展互助志愿服务活动；支持推进公益性信息服务平台建设，实施家庭服务业公益性信息服务平台建设工程；

充分发挥各方面信息资源的作用，利用公共服务电话、互联网等，扩大信息覆盖面和服务范围，为家庭、社区、家庭服务机构提供公益性服务，实现互联互通、资源共享。

（2）连锁化。积极引导有条件的家庭服务企业规模化、网络化、品牌化经营，在行业发展中发挥带动作用。支持企业通过连锁经营、加盟经营、特许经营等方式，整合服务资源、扩大服务规模、增加服务网点、建立服务网络；支持符合条件的企业按照规定进入境内外资市场融资；支持企业建立和完善现代企业制度，积极开展技术、管理和服务创新，加强品牌开发、宣传和推广，形成有竞争力的知名品牌。

（3）社区化。实施社区服务体系建设工程，统筹社区内家庭服务业发展。根据各类服务特点，将洗染、废旧物质回收利用、家用电器及其他日用品修理、社区保洁、社区保安等需要就近提供的家庭服务站点纳入社区服务体系建设中；推动合理布局，扶持社区内家庭服务业场所建设，依托各类社区服务设施改造建设、以奖代补等方式，为家庭服务机构提供场所设施；鼓励不设服务场所的各类家庭服务机构与医疗服务机构、社区管理和服务机构等加强合作，增强可持续发展的能力；支持大型家庭服务企业运用连锁经营等方式到社区设立各类便民站点。

2011 年，十一届全国人大四次会议通过了《中华人民共和国国民经济和社会发展第十二个五年规划纲要》。该纲要指出，要面向城乡居民生活，丰富服务产品类型，扩大服务供给，提高服务质量，满足多样化需求，推进国家服务业综合改革试点，探索有利于服务业加快发展的体制机制和有效途径。同时，建立健全服务业标准体系，支持服务业企业品牌和网络建设，优化服务业发展布局，推动特大城市形成以服务经济为主的产业结构。关于家庭服务业发展，需要以家庭为服务对象，以社区为重要依托，重点发展家政服务、养老服务和病患陪护等服务，鼓励发展残疾人居家服务，积极发展社区日间照料中心和专业化养老服务机构，因地制宜发展家庭用品配送、家庭教育等特色服务，形成多层次、多形式的家庭服务市场和经营机构，加快建设家庭服务业公益性信息服务平台，加强市场监管，规范家庭服务业市场秩序。

2011 年，国务院印发了《关于中国老龄事业发展“十二五”规划的通知》（国发〔2011〕28 号）。该通知指出，大力发展家庭服务业，并将养老服务特别是居家老年护理服务作为重点发展任务。建立应对人口老龄化战略体系基本框架，制定实施老龄事业中长期发展规划；建立以居家为基础、社区为依托、机构为支撑的养老服务体系，居家养老和社区养老服务网络基本健全。在工作实现政府引导与社会参与相结合，加强政策指导、资金支持、市场培育和监督管理，发挥市场机制在资源配置上的基础性作用，充分调动社会各方面力量积极参与老龄事业发展；家庭养老与社会养老相结合，充分发挥家庭和社区功能，着力巩固家庭养老地位，优先发展社会养老服务，构建以居家为基础、社区为依托、机构为支撑的社会养老服务体系，创建中国特色的新型养老模式。同时，鼓励社会服务企业发挥自身优势，开发居家养老服务项目，创新服务模式。积极拓展居家养老服务领域，实现从基本生活照料向医疗健康、辅具配置、精神慰藉、法律服务、紧急救援等方面延伸；拓展适合老年人多样化需求的特色护理、家庭服务、健身休养、文化娱乐、金融理财等服务项目。

2012 年，国务院印发了《国务院关于批转促进就业规划（2011~2015 年）的通知》（国发〔2012〕6 号）。该通知指出，以产业引导、政策扶持和环境营造为重点，通过建立专业化、信息化、产业化的人力资源服务体系，逐步实现基本公共服务充分保障，市场化服务产业逐步壮大，服务社会就业与人力资源开发配置能力明显提升，提升服务供给能力和水平。在促进家庭服务业发展过程中，重点发展家政服务、养老服务、社区照料服务、病患陪护服务、残疾人居家托养服务等家庭服务业态，因地制宜发展其他家庭服务业态，满足家庭的基本需求。从财税、金融、土地、价格等方面加大政策扶持力度，在企业开办、融资、品牌建设等方面支持家庭服务企业发展；推进家庭服务业公益性信息服务平台建设，加强从业人员专项技能培训；广泛开展家庭服务业千户百强创建活动，树立一批知名家庭服务品牌；加快制定相应的劳动用工政策及劳动标准，规范对从事家庭服务人员的管理，维护家庭服务从业人员的合法权益。

2015年，国务院印发了《关于加快发展生活性服务业促进消费结构升级的指导意见》（国办发〔2015〕85号），其中明确指出需要坚持创新供给，推动新型消费，推动业态创新、管理创新和服务创新，开发适合高中低不同收入群体的多样化、个性化潜在服务需求。具体工作包括：健全城乡居民家庭服务体系，推动家庭服务市场多层次、多形式发展，在供给规模和服务质量方面基本满足居民生活性服务需求。引导家庭服务企业多渠道、多业态提供专业化的生活性服务，推进规模经营和网络化发展，创建一批知名家庭服务品牌。整合、充实、升级家庭服务业公共平台，健全服务网络，实现一网多能、跨区域服务，发挥平台对城乡生活性服务业的引导和支撑作用。完善社区服务网点，多方式提供婴幼儿看护、护理、美容美发、洗染、家用电器及其他日用品修理等生活性服务，推动房地产中介、房屋租赁经营、物业管理、搬家保洁、家用车辆保养维修等生活性服务规范化、标准化发展。

（二）相关政府部门的政策措施

在国家整体方针的引导下，各相关政府部门按照国务院部署，开始积极制定各项配套支持和落实执行的政策和措施，营造出有利于家庭服务业创新发展的政策和体制环境。例如，通过推动家庭服务业联席会议制度来贯彻“43号文件”的实施意见，明确了财税、金融、土地、培训和社保补贴等扶持政策和措施，包括作为牵头的人力资源和社会保障部发布了《关于加强中心城市家庭服务体系建设的通知》，其他联席会议成员单位也在各自的职责范围内对家庭服务业的创新发展活动给予了大力支持。例如，财政部、国家税务总局印发了《关于员工制家政服务免征营业税的通知》（财税〔2011〕51号），并在2016年继续执行该项优惠政策。国家发改委等部委提出了《家政服务提质扩容行动方案（2017年）》，强化精准扶贫和促进再就业。在各相关政府部门的各项法律规范、政策支持和市场机制的共同作用下，家庭服务业创新发展环境得到不断完善和提升。

2009年，商务部联合财政部、全国总工会发布了《关于实施“家政服务工程”的通知》（商贸发〔2009〕276号）。该通知指出，坚持以企业为主体、政府引导支持、社会多方参与，促进下岗失业人员、农民工从事家政服务，实现“财政政策引导，商务组织资源，工会打造平台，家政拓展就业，促进社会发展”。通过实施技能培训和提升等措施，每年扶持一批城镇下岗人员、农民工从事家庭服务，逐步形成规范、安全、便利的家庭服务体系。中央财政对家庭服务人员培训经费予以全额补助，同时，地方财政也可根据自身财力情况来加大对“家政服务工程”有关工作的补贴力度。

2011 年，财政部联合商务部发布了《关于 2011 年开展家政服务体系建设有关问题的通知》。该通知指出，根据《财政部、商务部关于做好支持搞活流通扩大消费有关资金管理的通知》（财建〔2009〕16 号）、《财政部关于印发〈中央财政促进服务业发展专项资金管理办法〉的通知》（财建〔2009〕227 号）以及有关业务指导政策文件的精神，在部分城市开展城市家政服务体系建设试点，并支持开展相关业务的培训工作。通过整合服务资源，丰富服务内容，增加加盟企业数量，科学实施运营管理，完善企业资质管理、服务质量监督和服务人员信息管理功能等措施来高标准建设服务网络中心，并采用现代信息和三网融合技术建立完善服务系统，为市民、企业提供供需对接服务。

2011 年 9 月，财政部联合国家税务总局发布了《关于员工制家政服务免征营业税的通知》。该通知指出，为支持家政服务行业发展，增加就业，改善民生，经国务院批准，在 2011 年 10 月 1 日至 2014 年 9 月 30 日期间，对家庭服务企业由员工制家政服务员提供的服务项目取得的收入免征营业税。此后，财政部、国家税务总局发布了《关于员工制家政服务营业税政策的通知》（财税〔2016〕9 号），提出免税政策自 2014 年 10 月 1 日至 2018 年 12 月 31 日继续执行，纳税人已缴纳的应予免征的营业税，允许从纳税人以后的营业税应纳税款中抵减，家政服务业实施营业税改征增值税改革之日前抵减不完的予以退税。

2011 年，商务部发布了《关于“十二五”时期促进家庭服务业发展的指导意见》。该意见指出，紧密围绕服务民生、扩大消费、促进就业的宗旨，抓住建立健全家庭服务体系这一主线，以家庭服务网络中心建设为切入点，以家庭服务企业的培育和从业人员的培训为支撑，逐步提升整体行业服务质量和水平，规范市场秩序，满足居民家庭服务需求。其中，家庭服务业的创新发展要围绕“三个有利于”来展开：有利于整合现有资源和潜在资源，实现行业内人力资源、信息资源、公共服务资源的优化配置；有利于规范市场秩序，促进企业诚信经营，维护从业人员合法权益，保障居民消费安全；有利于企业持续、健康发展，形成有竞争力的知名品牌和各类市场主体共同发展的格局。

2012 年，人力资源和社会保障部发布了《关于加强中心城市家庭服务体系建设的通知》。在全国范围内确定了 72 个中心城市家庭服务体系建设工作联系点，推动各项扶持政策在中心城市先行先试。中心城市从完善工作机制、加强政策扶持、加大资金投入、强化基础保障等方面入手，大力加强家庭服务体系建设，切实提高家庭服务供给能力。同时，还要推动中心城市的家庭服务体系建设，通过建立劳务基地、市场对接、招工对接、网络信息对接等形式，解决好“送出去”和“接进来”的问题。同时，大力培育和发展家庭服务企业（单位），鼓励和支持大型家庭服务企业运用连锁经营等方式，积极引导有条件的家庭服务企业规模化、网络化、品牌化经营，促进家庭服务业繁荣发展。

2012 年，商务部发布了《家庭服务业管理暂行办法》，对家庭服务业的经营活动进行了有效的规范，强调支持家庭服务机构运用现代流通方式，培育示范性家庭服务机构，提升行业规范化经营水平；鼓励公益性家庭服务信息平台的建设，扶持中小家庭服务机构发展，采取各项措施促进行业规范发展；推动家庭服务行业协会制定行业规范，加强行业自律，为会员企业提供服务，维护会员企业的合法权益，建立服务纠纷调解处理机构，调解处理家庭服务纠纷等。同时，还设定了家庭服务员的行为规范，消费者行为规范，以及相应的监督管理职责等。

2012 年，商务部发布了《商务部办公厅关于做好 2012 年家政服务体系建设工作的通知》。该通知指出，按照《家政服务网络中心建设规范》的要求，加强企业及连锁店的信息化管理系统，以及培训实际操作教室、保洁设备、烹饪设备等服务基础设施、设备建设。同时，积极引导企业完善管理制度和服务标准，拓展服务领域，延伸服务产业链，形成一批社会影响较大、竞争力较强的区域性家庭服务品牌。在强化基本家庭服务功能的基础上，进一步增加网络中心的加盟企业数量，适应需求变化，丰富服务项目，扩展服务范围，保障多样化、专业化的服务供给，推动服务内容向相关服务领域拓展。

2012 年，财政部发布了《关于 2012 年开展家政服务体系建设有关问题的通知》。该通知指出，根据《财政部、商务部关于做好支持搞活流通扩大消费有关资金管理的通知》（财建〔2009〕16 号）、《财政部关于印发〈中央财政促进服务业发展专项资金管理办法〉的通知》（财建〔2009〕227 号）以及有关业务指导文件精神，在部分城市开展家政服务体系建设试点工作。支持部分管理规范、经营良好的大型龙头家政服务企业加快连锁门店建设，完善信息管理系统，采取以奖代补方式予以支持，并按照《商务部、财政部、全国总工会关于实施“家政服务工程”的通知》（商贸发〔2009〕276 号）开展家政服务人员培训并安排就业的，经商务、财政、工会部门验收合格后，予以定额补助。

2014 年，人力资源和社会保障部、国家发改委等联合印发《关于开展家庭服务业规范化职业化建设的通知》，指出家庭服务行业规范化、家庭服务从业人员职业化，是保障家庭服务供给、提高家庭服务质量、促进家庭服务行业健康发展的重要基础性工作。其中，以诚信建设为重点的家庭服务业规范化建设提出了“依法经营，诚信为本”“标准服务，顺畅对接”“充分自律，有效监管”的要求；以培训工作为重点的家庭服务业职业化建设提出了“职业认同得到确立，职业技能显著提高，职业队伍不断扩大，合法权益得到保障”的要求。

2015 年，财政部印发了《中央财政服务业发展专项资金管理办法》（财建〔2015〕256 号），中央财政从公共财政预算资金中安排的专项用于支持现代商品流通发展、促进现代服务业公共服务体系建设的资金。专项资金主要用于支持养老服务、健康服务、家政服务等民生服务业，创新现代商品流通方式，改善现代服务业公共服务体系，推动流通产业结构调整，促进城乡市场发展，扩大国内消费。

2016 年，商务部关于印发《居民生活服务业发展“十三五”规划》（商服贸发〔2016〕488号），其中明确指出在“十三五”期间，会继续完善法规标准，出台《家庭服务业管理暂行办法》，发布《家政服务合同》，制定《家政服务规范》《家政服务业通用术语》等17项行业标准，推动出台180多项地方性标准和制度并向全国推广，初步构建起涵盖企业经营管理、从业者及消费者行为等多个层面的法规标准。

2017年，国家发改委联合人力资源和社会保障部、商务部、教育部等部委提出了《家政服务提质扩容行动方案（2017年）》，提出以供给侧结构性改革为主线，围绕扩大有效供给，积极培育市场主体，强化供需对接；围绕提高服务质量，加强人才培养，健全标准规范体系；围绕优化市场环境，加强诚信体系建设，完善市场监管，着力推进家政服务业专业化、规模化、网络化、规范化发展，充分发挥好对稳增长、促就业、惠民生方面的促进作用，具体工作包括：引导家政企业做大做强，加强对行业发展的政策扶持，健全职业培训制度，大力提升职业化水平等。同时，还对相关的工作进行了落实，例如，人力资源社会保障部、商务部分工负责制定“千户百强”家庭服务企业创建情况的调查和展示方案，推广运作规范、特色发展的知名企业品牌经营模式，支持家政服务知名品牌建设；商务部、人力资源社会保障部、工信部等负责积极推进O2O（线上线下结合）等家政服务新业态，加快信息流通，提升行业效率；人力资源社会保障部、全国妇联等负责把家政服务列为农民工职业技能提升计划——“春潮行动”实施重点，组织实施好“巾帼家政服务”专项培训工程。

在各政府相关部门的协作下，家庭服务业继续成为促进服务业发展的支持重点，也被纳入中央和地方社会事业和民生工程扶持范围。在此过程中，一些重点项目活动也开始产生了广泛的社会效应、经济效应。例如，通过进一步加大相关政策支持力度，家庭服务业在开展家政人员培训、家政服务信息平台建设、城市家政服务体系建设试点等工作上得到较大提升。2009~2010年，中央财政每年安排专项资金3亿元，对开展家政培训并经验收合格的培训机构给予定额补助，累计补助培训家政人员近40万人。其中，在2009年中央财政安排专项资金2亿元，支持100个城市建设家庭服务信息平台，促进了家庭服务的供求对接，推进了家庭服务市场的规范化、标准化运作。2010年，中央财政安排专项资金4亿元，在全国35个基础较好的城市开展服务体系建设试点，重点支持试点城市建设改造服务信息平台，提升家政龙头企业服务水平。从2011年开始，发展家庭服务业促进就业部际联席会议组织开展了“千户百强”家庭服务企业（单位）创建活动，经过三次评选工作的开展，有效推动了中小企业做专做精，同时扶持龙头企业做大做强，使家庭服务供给逐步改善，从业人员数量有较大增加，行业发展水平不断提升。

（三）地方政府政策规定

家庭服务业与人民生活息息相关。随着我国经济的迅速发展和人民生活水平的不断提高，家庭服务需求快速增长。各级地方政府也在充分结合本地实际情况的基础上，按照国家相关政策的指导，根据国家规划和本地区实际情况制订本地区规划，明确发展目标和保障措施，出台了一系列的配套文件来推动家庭服务业的创新发展。

北京市在2011年出台了《北京市关于鼓励发展家政服务业的意见》，提出为家庭服务企业的设立、经营、融资等提供便捷服务，扶持社区内相关服务场所建设，鼓励商业性投资或政府投资等方式，帮助小型家庭服务企业解决服务场所缺乏的问题。支持家庭服务企业通过连锁经营、加盟经营、特许经营等方式，整合服务资源，扩大服务规模，增加服务网点，建立服务网络。对符合条件的员工制家庭服务企业给予一定期限（3年）免征营业税的支持政策。此外，还鼓励、支持和引导现有的非员工制家政服务机构按照员工制企业模式实施规范化管理，并享受相关扶持政策。

四川省出台了《关于发展家庭服务业的实施意见》，通过一系列扶持政策助推四川省家庭服务业的创新发展，在就业、创业扶持政策上，鼓励农村富余劳动力、城镇就业困难人员和高校毕业生到家庭服务业领域就业或创业；在财税扶持政策上，将发展家庭服务业作为服务业发展专项资金和引导资金的支持重点，并纳入社会事业和民生工程资金扶持范围。同时，落实扶持中小企业的税收优惠政策，对符合条件的小型微利企业给予税收优惠。在价格政策上，养老服务机构与居民家庭用电、用水、用气、用热同价，其他家庭服务机构逐步实现不高于工业用电、用水、用气、用热价格。在其他扶持政策方面，在编制土地使用总体规划、城市总体规划时要充分考虑家庭服务业发展需要；搬迁、关闭不适应城市功能定位的工业企业而退出的土地，要在供地安排上适当向养老服务等家庭服务机构倾斜；城市新建居住小区要预留规划面积，优先考虑家庭服务业站点发展的需要。

吉林省出台了《关于加快推进养老服务业发展的意见》，着力推动家庭服务业的创新活动，重点发展家政服务、养老服务、社区照料服务、残疾人托养服务和病患陪护服务等业态；建立起以居家养老为基础、社区服务为依托、机构养老为支撑，布局合理、规模适度、功能完善、覆盖城乡的适度普惠型养老服务体系；因地制宜发展家庭用品配送、洗衣、家教等服务业态；适应农村家庭服务需求不断提高的要求，发展面向农村的家庭服务业态；营造发展家庭服务业的良好环境，降低家庭服务业创业的门槛，对规定的家庭服务业从业人员免费提供政策咨询、创业培训等。

陕西省出台了《关于加强和改进社区服务工作的意见》，提出在推进社会福利社会化的进程中，将继续完善相关优惠政策，鼓励发展多种形式的居家养老服务业，提高社区为老服务的综合能力。同时，逐步建立与社会主义市场经济体制相适应的新型社会福利、社会保障体系，及覆盖社区全体成员、服务主体多元、服务功能完善、服务质量和管理水平较高、社会效益和经济效益较好的社区服务体系；大力发展社区商业服务，不断完善服务功能，重视发展包括家庭服务等社区商业服务。对于相关企业和个人开办的购物、餐饮、家政、洗衣、维修、再生资源回收、中介等便民利民的经营性社区商业服务，要依法简化审批程序，维护其合法权益。对营利性社区商业服务项目，要强化自身发展能力，积极引导其向产业化、市场化方向发展。对经营性的社区服务项目，要采取“谁投资，谁受益”的原则，依靠市场调节，不断完善投资机制。

山东省在税费减免、社保补贴、开业指导、创业培训、小额担保贷款等方面加大对家庭服务业创新的扶持力度，具体工作包括：鼓励农民工、就业困难人员、高校毕业生等各类劳动者到家庭服务业就业创业；开展公共就业和人才服务专项活动，为城乡劳动者到家庭服务业就业提供服务平台；积极发展社区日间照料中心和专业化养老服务机构，把市场化养老服务产业发展作为家庭服务业重点发展任务，鼓励和支持社会民营资本和国际资本进入养老服务市场，培育发展专业化的养老服务机构，鼓励家庭服务企业发挥自身优势，开发养老服务项目，创新服务模式，满足不同层次的养老服务需求。

福建省先后出台了《关于发展家庭服务业的实施意见》《关于加快发展养老服务业的实施意见》《关于促进家庭服务业职业化发展的通知》《关于印发家政服务业补“短板”实施方案的通知》等系列部门文件，将家庭服务业列为重点发展的服务业十大领域之一，从放宽市场准入、支持创业孵化、鼓励各类人员到家庭服务领域就业创业、提高从业人员技能素质、促进劳动关系规范、加大财税扶持、强化金融服务 7 个方面，促进家庭服务业有序健康发展。具体工作包括：鼓励家政服务企业积极发展连锁经营，统一形象标识、商标字号、经营模式和管理制度等，完善质量监控体系，提升企业品牌形象和服务水平；鼓励家政服务企业通过合资合作、上市、兼并、联合、重组等方式，整合家政服务社会资源，形成有竞争力的知名家政服务品牌；鼓励家政服务企业引进先进服务业态、经营技术和管理经验，提高服务运作和经营管理水平；引导家政龙头企业在省内具有劳动力资源优势的地市建立劳务输出基地，提高家政服务的供给和质量。

三、关于家庭服务业管理机构和制度体系现状的思考

（一）相关管理主体职能的界定和协调

目前，家庭服务企业普遍困惑的问题是家庭服务业的综合管理主体究竟是谁？在推动家庭服务业创新发展中，不同的政府、非政府部门都参与到其中。相关政府部门，虽然根据其职能和业务范围的管理权限分别制定了市场

准入制度以及管理制度和审批事项，但由于多头管理，造成管理不到位、重复或落实不到位等局面。当前的家庭服务业管理体制属于典型的“五个没有”：没有明确的行业主管部门，没有职责分明的从业管理机构，没有规范的市场准入，没有统一的行业服务标准，没有一部相关的国家立法。准确地说，现在整个行业管理上属于“八龙治水”，但在管理政策上又是“天龙八部”，各占一块。虽然家庭服务业联席会议办公室设立在人力资源和社会保障部，但却是在农民工工作司，主要是将其作为推动劳动力转移和社会就业来抓，很少有从经济特性、市场运行、企业管理等角度出台的相关管理制度。相反，商务部则在近些年出台了一系列的家庭服务业的管理文件，事实上履行了主要的管理职能。

此外，从部门间主体功能来看，各个部门在对家庭服务业的管理上又有较多差异。例如，以全国总工会、共青团中央和全国妇联三个单位为例，可以说它们只是党群工作部门，而不是由一个实体真正合作的政府部门。同时，作为企业来说，工商局决定了市场准入的基本规范。从和谐劳动关系看，人力资源和社会保障部门又可以通过中介许可证进行规范管理。对这些问题，还需要考虑进一步改革和完善管理体制，解决行业规范难的问题。例如，进一步健全家庭服务业联席会议制度，明确成员单位、职责分工和牵头部门，充分发挥各部门的职责，共同推进家庭服务业的健康发展。从地方政府的实践看，市场管理不规范，行业混乱。各个部门都争相参与管理，如民政、人力资源、工商、妇联、社会保障等部门，但它们分工不明。行业缺乏有效的监督机制，各方面纠纷频繁，难以协调，使消费者、家政行业、从业人员的权益得不到有效维护。

（二）相关政策、制度的完善和配套

虽然在国家到地方不同层面，各级政府都推出了一系列的促进家庭服务业创新发展的政策、规范和措施，但依然不能满足家庭服务业发展的需要。国家层面缺乏专门、规范的家庭服务业法律、法规，同样，不同层面的政府部门之间，在政策的制定、执行和落实上还缺乏有力的管理措施加以配套。

例如，从最为根本的强制性制度——法律来说，目前我国有关家庭服务业的法律、法规基本处于空白，这种法律制度的缺失对家庭服务企业发展和规范行为缺少必要的监督、约束，且低市场准入机制下所提供的服务具有不稳定性和不规范性，不利于该产业的健康发展。此外，不同层面之间，在政策的制定、执行和落实上还缺乏有力的协调管理措施来加以配套。一些政策在很大程度上只是停留在原则层面，很多政策的可操作性并不强，缺少实施方案，实际推动家庭服务业的发展效应并不明显；一些政策有很明显的应急色彩，缺乏长远考量，也就必然缺少长期效应。因此，还需要加快建立健全和完善相应的制度和政策体系，在各个层面、各级政府之间建立良好的协作机制，积极创造良好的社会环境。

1. 三方职责定位有待明确

在家庭服务市场中，服务供给方、服务购买方和政府三者之间的关系相当密切。其中，供给方和购买方是一种经济的交换关系，在市场中通过价格机制和一定的契约实现买卖关系。购买方在有购买家庭服务的实际欲望和有购买能力的条件下，通过一定途径向提供者购买服务，而供给方则通过自我劳动能力提高来实现自己被购买的可能和价值，由此通过一定的平台实现双方的经济交换。

在我国家庭服务市场中，现有购买者和潜在消费者规模都比较大，且还有很大的发展空间，其中消费者对于购买服务的期望比较高，对于高质量的服务特别期待。而服务的提供方方面，由于自身劳动素质和技能的水平较低，仅能提供较低层次的家政服务，市场上出现了一定的需求供给不匹配的情况，且这种不匹配随着老龄化的全面铺开有扩大的趋势。所以，相对平衡的市场供需关系在市场机制上并不总是能够实现的，市场由于其本身的一些缺陷，使参与主体在有些时候被市场这只“无形的手”所误导，那么针对这种缺陷，政府应该发挥适当调控的功能，干预市场，以改善市场的运行状况。现在政府出台的大多数政策并没有理顺家庭服务业中各方的角色关系，没有利用各方之间的利益关系作为中介来达到政策目标，而是较为生硬地独立于市场，直接把政策强加给市场，必然会导致政策只能是短期反应，很难在市场上产生连锁效果。

2. 政策落实还需法律支撑

我国家庭服务业的政府干预市场是通过行政手段、经济手段、法律手段或其他措施起到调控市场的作用，其依据是“市场失灵说”。即认为在家庭服务业中，由于信息的不对称、不完善、竞争不充分等导致市场的非完全竞争，市场无法有效率地分配商品和劳务，价格机制起不到最优配置的作用，符合帕累托条件的最优状态难以实现，市场机制存在缺陷，需要政府进行政策干预。但是，相关的政策措施还缺乏法理基础，其根源在于我国家庭服务业中劳动关系的复杂性以及缺乏法律依据。我国家庭服务业中的大部分关系还不是法律意义上的劳动关系，相关各方权责界定不清，缺少相关法律法规。由于家庭服务业劳动使用关系的有关规范在我国法律上依然是一个盲区，因此，政府出台调控和规范家庭服务业的政策在作用到家庭服务业劳动关系各方的时候，也同样存在法律缺失的问题。因此，很多政策只能以行政命令的形式进行干预，没有法律基础的政策干预容易引起纠纷，从而限制了政策的执行力度和效应时限。

3. 政策支持力度仍需强化

虽然国务院出台了关于发展家庭服务业的《指导意见》，地方也出台了一些政策法规，但政策支持力度不够，一些政策由于缺乏可操作性仍然只停留在纸面上并未落到实处。从我们的前期实地调查看，政府存在职责定位不清晰，对家庭服务行业的引导、协调、宣传和扶持不够，对家庭服务业管理滞后等问题，在服务行为、服务规范、服务价格等方面无章可循。在调查过程中，许多企业仍感到，针对家庭服务业的政策倾斜不够，对于家庭服务业规模化、产业化、社会化的政策引导不足，对于其业态、项目和经营方式的创新支持资金不足，甚至处理消费者、经营者和服务员三方的权责纠纷缺乏法律依据。

政府对家庭服务业发展的优惠政策支持也不够，突出表现是税费负担重，加剧了家庭服务业盈利难的问题，阻碍家庭服务机构向企业化发展。除正常的流转税外，家庭服务业的税收负担还包括代征的残疾人基金、代征的价格调节基金、代征的工会会费，合计超过经营收入的 10%。作为员工制的家庭服务企业的税费负担更重。因为家庭服务业经营收入的90%以上都要支付员工工资。按照现行政策，对员工制企业征收营业税，不能将员工工资从纳税基数中扣除，导致员工制企业的营业税要远远高于中介制，盈利空间被严重挤压，这也是我国家庭服务业以中介制企业占多数的一个重要原因。

4. 政策效果需进一步检验

很多地方性家庭服务业政策规定的出台是为了应付临时性出现的家庭服务业问题而产生的，政策的触角不长，缺少长期效应。同时，由于家庭服务业市场的爆炸性增长和积留在我国家庭服务业市场中的深层次矛盾短时期内无法解决，所以很多政策的出台往往落后于形势的发展，或者根本就无法解决问题，只是隔靴搔痒，没有触动到问题的症结。还有一些地方政策由于其政策工具的选择不合理，无法撬动家庭服务业中各方的利益关系点，政策的效果自然也无法显现。

5. 规范监督机制尚需完善

整个家庭服务行业缺乏服务规范和监督体系，同时行业自律和企业诚信体系建设滞后，致使家庭服务供求双方、家庭服务公司与服务员和用人家庭的责权利不明确。例如，有的服务协议不规范，有的不要求签订服务协议，导致双方权益保障没有依据，家庭服务员与用人家庭发生纠纷和争议时难以处理。这种行为的产生不仅严重侵害客户利益，也影响了整个行业的声誉。此外，家庭服务从业人员与客户之间，家庭服务公司和家庭服务从业人员之间的法律关系和劳动关系模糊。家庭服务公司一般为中介公司，与家庭服务从业人员之间的关系不受《劳动合同法》的保护，一旦发生意外伤害，不好明确责任，从业人员的社会保险等权利得不到切实的保障等，均是制约家庭服务业健康、有序发展的瓶颈。

综合来看，需要在各个层面、各级政府之间建立良好的协作机制，认真履行管理经济社会的职能，积极创造良好的社会环境，加快建立健全和完善相应的制度和政策体系，才能推动家庭服务业市场的稳定、健康、规范、协调、可持续发展。

第五章　家庭服务业市场发展情况

如今家庭服务业已经成为支撑我国经济持续发展的最具潜力的行业之一，这主要是来自国家宏观经济的驱动和微观社会需求的拉动而共同实现的。在宏观层面上，随着国家经济体制变革和经济结构调整，带来了社会中的下岗和再就业问题。为了打造和谐社会，不断解决日益严重的社会就业问题，需要发展新兴服务产业来解决就业中的存量和增量，并在此基础上实现价值创造，推动国家社会经济的发展。在微观层面上，随着人们生活水平不断提高以及现代化、城镇化、家庭小型化和人口老龄化进程的快速推动，社会分工细化、收入增加、工作生活节奏的加快，以及生活品质的提高，处于社会基础单元的城镇家庭对相关生活服务项目的需求大量产生，消费结构逐步由生存型向发展型、享受型转变，而缘于社会供给的缺口也越来越大，这在一定程度上刺激了家庭服务业的快速发展。在这两股力量的共同带动下，我国家庭服务业获得了长足的发展，其服务领域不断拓宽、服务层次逐渐提高，成为现阶段我国有效缓解就业压力、积极扩大就业的重要渠道。然而，家庭服务业的产生、发展又经历了复杂多变的过程，其中既有国家宏观经济体制上的问题，也有社会意识接受方面的问题，还有家庭服务业自身的问题，对此需要进一步了解和认识家庭服务业市场的本身情况，才能准确指出其中的问题所在，并在措施制定上具有针对性，有力促进家庭服务业的持续、健康发展。

根据相关数据显示，2014 年的全国家庭服务业的从业人员达到 2034 万人，同比增长 13.0%，比第三产业就业人数增幅高 7.2 个百分点，比全社会就业人数增幅高 12.6 个百分点。家庭服务业增加值占服务业增加值的比重为 0.5%，增幅较服务业增加值高 8.2 个百分点。可以说，家庭服务业在服务业中的重要性已经凸显出来。根据国家商务部数据显示，2015 年我国家政行业市场规模达到 1.4 万亿元，较上一年增长 13.5%，并在 2016 年达到约 1.6 万亿元（见图 5-1）。根据全国发展家庭服务业办公室的相关信息，家庭服务业跨越式发展的目标是家庭服务业营业额到 2020 年达到 4000 亿元，并力争向 5000 亿元迈进；家庭服务业吸纳就业人数到 2020 年达到 3000 万人。

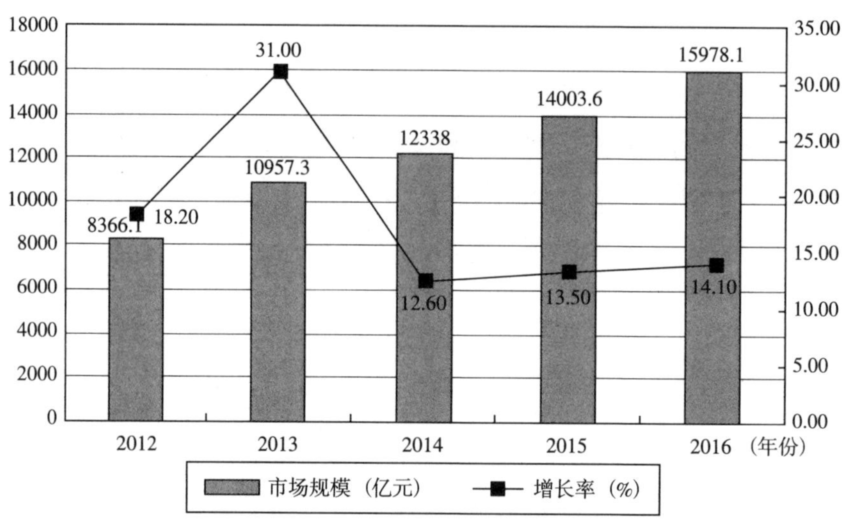

图 5-1　2012~2016 年中国家政行业市场规模走势

资料来源：比达咨询（BigData-Research）。

一、家庭服务业的行业结构

（一）龙头企业引领作用突出

自 2010 年开始，我国家庭服务业一直保持稳定增长态势，企业数量持续增长，出现了一批在全国都具有重要影响的家庭服务业企业。按照发展家庭服务业促进就业部际联席会议的部署，分别在 2011 年、2012 年、2015 年组织开展了 3 次“千户百强”家庭服务企业（单位）创建活动。“千户百强”工程主要是推动1000户以上的中小企业做专做精，扶持100家有实力的企业做大做强。其中在“百强”企业中，形成一批有竞争力和辐射带动能力较强的大型龙头企业；在千户企业中，形成一批产值过千万元的中小型领军企业。“千户百强”家庭服务企业是我国家庭服务业发展的主力军，具有规模大、品牌优、管理好、理念新、效益好的优势，同时具有较强的吸纳就业和持续发展能力，成为各类家庭服务的主要提供商，从而带动整个行业实现规范化、产业化和品牌化，完成从中心城市向边远地区和农村的延伸扩展。

根据人力资源和社会保障部农民工工作司“2012年千户百强家庭服务企业”数据显示，入选2012年全国“百强”家庭服务企业的平均营业额达到3243万元，与上年度相比平均增加近1000万元，增长45%；“千户”家庭服务企业平均营业额达到528万元，与上年度相比平均增加302万元，增长134%。“千户百强”家庭服务企业的就业人数达到101.2万人，其中“百强”家庭服务企业平均从业人数达4742人，同比增加1014人，增长27.2%；“千户”家庭服务企业平均从业人数为654人，同比增加160人，增长32.3%。实行员工制管理的人数达到25.7万人，持证上岗人数62.7万人，分别占到从业人员总数的25.4%和61.9%。“千户百强”企业中，24家品牌企业营业额超5000万元，同比增加166.7%；7家品牌企业年营业额超1亿元，同比增加133.3%。

通过“千户百强”工程创建活动，发挥“千户百强”企业的带动作用，全国范围内逐步形成了一批举足轻重、有号召力的龙头企业，成为家庭服务行业发展的重要支撑和中坚力量，在创造社会财富、增加财政税收、吸纳就业人口、活跃市场经济、方便人民生活等方面发挥了越来越大的作用。这些企业不仅有效引导家庭服务企业做大做强、做专做精，提升我国家庭服务业规范化、职业化水平，而且还为经济社会发展做出了积极贡献。加上各地政府的高度重视，使加大政策扶持力度和部门合作的机制逐步形成，区域性的龙头企业也在迅速崛起。很多地区的家庭服务企业已经开始走上规模化、网络化、品牌化的经营方式，培育出一批管理规范、运作良好、示范性强的优秀企业。有些龙头企业开始通过升级改造基础设施、提升管理水平等创新活动实现规范化、规模化方向发展，已经成为行业标杆、家庭服务的知名品牌。这些企业不仅开始制定企业标准，而且也开始参与到地方、行业、国家标准的制定工作中。在龙头企业的带动下，一些地方家庭服务业协会、产业联盟开始建立，进一步推动了产业的职业发展，从业人员的服务技能水平也得到了显著提高。

（二）区域差异较大，两极分化严重

虽然我国家庭服务实现了快速扩张发展，但需要认识到产业的整体发展还存在很大的不均衡，给未来的持续稳定发展带来了潜在的危机。我国区域经济发展不平衡的存在，使当前的大部分家庭服务企业、从业人员主要集中在京、津、沪，及各省会城市、计划单列市等中心城市，中小城市很难具备发展大型家庭服务企业的条件。从"千户百强"家庭服务企业的区域分布看，也是存在较大的不均衡（见表 5-1）。"千户百强"企业分布区域主要集中在中东部经济较好的省市，例如，北京、上海、浙江、江苏、山东等省市，也表明在这些区域具有很好的社会需求。西部地区的"千户百强"则较少，例如，西藏、青海等地区。

表 5-1　全国"千户百强"家庭服务企业区域分布

区域	百强企业			千户企业		
	2011 年	2012 年	2015 年	2011 年	2012 年	2015 年
北京	6	5	5	32	24	31
天津	6	3	0	35	9	7
河北	3	3	3	38	35	28
山西	1	1	2	19	24	35
内蒙古	1	3	3	15	19	25
辽宁	3	5	4	36	26	45
吉林	5	3	4	60	24	19
黑龙江	3	4	1	28	16	20
上海	6	8	5	36	41	55
江苏	7	8	7	54	56	63

续表

区域	百强企业			千户企业		
	2011 年	2012 年	2015 年	2011 年	2012 年	2015 年
浙江	6	6	10	47	32	71
安徽	3	6	4	47	26	38
福建	5	5	9	6	15	18
江西	1	1	0	26	22	21
山东	8	9	13	45	48	87
河南	6	9	5	49	42	52
湖北	7	6	5	33	38	43
湖南	3	5	6	15	30	37
广东	7	2	2	40	19	32
广西	1	1	0	19	17	21
海南	1	0	0	8	3	4
重庆	4	4	3	47	28	33
四川	4	3	1	35	36	29
贵州	3	2	2	33	9	17
云南	1	1	0	30	14	28
西藏	0	0	0	0	1	0
陕西	5	4	5	42	39	47
甘肃	1	2	0	15	5	15
青海	1	0	0	7	1	0
宁夏	3	1	1	13	9	24
新疆（包括建设兵团）	3	1	0	29	11	16

在“千户百强”家庭服务企业的带动作用下，家庭服务企业知名品牌不断涌现，并带动了一大批企业申请登记注册，争创知名品牌。这在一定程度上提高了家庭服务企业的社会认可度，增加了企业无形资产。例如，北京中青、上海爱君已经开始实现全国加盟发展模式。然而需要看到的是，很多地方的家庭服务业还是存在两极分化的情况，绝大多数公司属于“壳”大“芯”小，实力一般。例如，福州市虽然有一批“千户百强”企业，但是根据福州

市工商局2011年的数据显示，经工商许可认证的家政公司有188家，其中注册资本在10万元以上的不到5%，绝大部分是小企业，或者是未经注册的中介机构。这种两极分化情况在辽宁省也比较严重，辽宁省大型家庭服务连锁品牌企业不超过45家，占家庭服务企业总数的1.2%，其中大部分家庭服务业属于不正规的行业机构，只是负责登记牵头介绍而收取中介费。同样，甘肃省绝大多数公司中从业人员不超过10人，不能提供更多的服务。

（三）专业化分工日益细化

现代流通方式在家庭服务企业中得到快速推广，家庭服务企业“规模化和连锁化”的步伐也在加快。许多企业一改原来的单店经营模式，积极采用连锁经营等现代流通方式，服务网络逐步向省内、全国甚至国外延伸。有些大型家庭服务企业的经营门店已达到100家以上，并呈现跨区域连锁化发展的良好态势。在整个产业得到较大发展的同时，家庭服务业中的新兴业态和经营方式也在不断形成。在许多地方，家庭服务业不仅包括保姆、病人陪护、保洁、月嫂、婚介等传统职业和洗衣做饭、照看孩子、打扫卫生等传统工作，还包括少儿午托、营养配餐、居家养老等新兴职业，包括社会养老、社区养老、家庭用品配送、洗衣、维修服务、水电气设备维修、家电维修等服务。其中，照顾孕妇及产婴的月嫂、照顾医院的特殊病人、由于身体残疾产生的特殊需求、照顾与接送小孩上学等，这些超常规的特殊服务属性可与其他属性组合创生新的服务组织，也可以增加其他服务组织的服务属性。

总体来看，家庭服务业的专业化分工日益深化和细化，对从业人员的专业水平要求也在不断提高。例如，全国“百强”——福建中青家政服务有限公司所提供的家庭服务业务达到90种：

集团业务（4种）：①城市道路保洁；②政府机关物业保洁；③家政服务员培训；④农民工培训。

核心业务（81类）：①木地板保洁；②石材地板保洁；③地毯保洁；④高层玻璃保洁；⑤壁纸壁布保洁；⑥家居装饰保洁；⑦厨具保洁；⑧家居灯饰保洁；⑨空调清洗；⑩空调加氟；⑪排气扇清洗；⑫油烟机清洗；⑬开荒保

洁；⑭卫生保洁与消毒；⑮管道疏通；⑯家具保洁；⑰洗衣服务；⑱熨烫服务；⑲擦鞋洗鞋；⑳真皮布艺沙发保洁；㉑家居病虫害消除；㉒窗帘清洗；㉓孕、产妇护理（月嫂）；㉔新生儿护理；㉕婴幼儿护理；㉖儿童临时看护；㉗病人陪护；㉘医院陪护；㉙老年人护理；㉚自理病人护理；㉛半自理病人护理；㉜不能自理病人护理；㉝孩童接送服务；㉞代客接送服务；㉟老人接送服务；㊱月嫂培训；㊲家政服务员培训；㊳卫生保洁工培训；㊴中医健康理疗培训；㊵代灌煤气；㊶代客购票；㊷代客购物；㊸代客交费；㊹代客挂号；㊺小件货物送递；㊻家庭家具搬挪；㊼应急服务；㊽陪医就诊；㊾陪同散步、购物等；㊿读书读报服务；51宠物护理；52植物养护；53宠物与植物托管；54家常饮食制作；55家宴饮食制作；56婴幼儿饮食制作；57孕妇饮食制作；58产妇饮食制作；59老人饮食制作；60病人饮食制作；61家庭营养师；62营养测评师；63特约饮食制作；64家庭管理；65家庭秘书；66家庭顾问；67家庭助理；68家庭理财；69医疗咨询；70保健咨询；71心理咨询；72法律咨询；73超音速录；74早教咨询；75生活百事通；76亲子百事通；77护老百事通；78家庭园艺师；79家电器维修师；80大学生实训基地；81暑期、兼职、大学生就业平台。

增值项目（5类）：①少儿英语培训；②托管；③胎教；④婴幼儿保育教育（早期教育）；⑤中小学课业辅导。

（四）跨界融合已经成为家庭服务业的新时代特点

随着我国向市场经济的快速转型，企业开始作为独立的自主经营主体存在于市场环境，并参与到广泛的竞争与合作活动中。随着社会分工的细化，企业内部的价值创造开始延伸到产业层面，逐渐演化为由不同的专业组织单独从事特定业务，并通过组织间的紧密协作而实现共同价值创造。跨界是指特定在主体跨越规定的边界与外部进行连接的行为（Ancona，1990；Marrone，2010）。作为一项动态的和复杂的行为模式，只要使用得当都会为组织带来短期或长期的效益（Ancona & Caldwell，1992）。随着跨界思想的引入，家庭服务业开始融合一些新的业务来寻求发展。很多家庭服务企业在拓展业务的同时，也与一些商业企业，例如，美容、家电维修、房屋中介、医疗机构、养生保健、家教服务、物业中介、婚庆礼仪、搬家服务、家电维修、信息咨询等建立合作，或者形成服务综合体。其中，部分家庭服务企业在传统小时工、病患陪护基础上拓展了上门洗车、生活用品配送等服务，美容美发业出现上门服务，包括头皮护理、接发、美甲、美睫等服务。同样，餐饮业也出现厨师上门等服务，开始产生新的价值以满足居民的日常需求。

与此同时，信息技术开始全面融入生活服务，团购型、体验型、共享型、上门服务型等模式在餐饮、家政、美容美发等生活服务领域得到广泛应用，方便、快捷、安全、舒适的服务模式不断推陈出新。此外，相当一批企业在推动自身信息化的同时也借助信息平台，例如 BAT、京东、58 同城等来实现业务推广，依托已有电商平台或建立自有服务平台，不断提高电子商务应用水平。同时，也出现了一些新的 O2O 业态的家庭服务业企业通过打通线上和线下的界限，加强客户体验，先后涌现出 e 家洁、小马管家、好慷在线等企业，进一步推动了家庭服务业的快速创新发展。

二、当前家庭服务业发展中存在的现实问题

（一）市场准入门槛较低

目前，我国家庭服务业的从业人员大多数是农村剩余劳动力和部分城镇下岗职工。由于这部分劳动力存在文化教育程度、劳动技能、服务水平较低、整体素质不高等因素，主要工作也是简单的家庭保洁、家庭烹饪、孩子照看、老人照料和病人陪护等初级劳务。从家庭服务业整体服务项目来看，大部分家庭服务企业所提供的家庭服务项目类别大多属于简单的手工、体力劳动，劳动服务包含的技术含量低，价值含量较低。这导致整个行业的从业门槛较低，对资金、技术、场地等的要求不高，往往是“一间门面、一张长桌子、

一部电话和一块黑板”即可开始进行运营。

由于家庭服务业的进入门槛较低，也间接造成了家庭服务企业的规模普遍较小，产业化水平较低，组织化程度低，服务质量较差，行业发展很不规范，非法运营、无序竞争状态严重，具有“弱、小、散、差”的特点，连锁化水平不高。在这种现实情境下，很多家庭服务企业在经营中的思想是“有钱就挣，有一个钱算一个钱”，而不在乎企业的长期发展。尽管就目前的发展势态看，家庭服务业已经在全国遍地开花，但上规模、跨地区、宽领域、优服务的品牌家政企业仍十分有限。多数企业服务内容不全、信誉不高、影响不大，低端生活服务供给较多，高档、高端、有品质的生活服务供给不足，没有形成规模优势和品牌效应，让普通消费者感到难以选择，不敢接受服务。特别是一些个性化的服务需求更是难以找到合适的企业，导致供需矛盾长期存在，也较为突出。这在一定程度上制约了城镇居民对相关服务需求的满足和家庭服务业的发展。

（二）行业整体规范化程度较低

我国家庭服务业还处于发展初期，行业自律性不强，缺乏具有约束性的行业规范和准则。首先，整个行业还存在市场秩序混乱、无证经营、价格恶性竞争、服务欺诈、劳务纠纷等现象，导致无法保障从业人员和消费者的权益。虽然有些家庭服务企业与从业人员签订了正式的劳务合同，但在具体落实上还是存在不足。例如，劳动待遇、工资支付方式和社会保险费用的缴纳更多的是口头承诺，劳动用工不规范现象依然十分严重。其次，从业人员的培训、监督管理还缺乏明确规范的管理制度体系。尽管家庭服务企业提供的门类齐全、服务项目众多，但从业人员工作的时间、地点和内容都具有很大的不稳定性和不确定性，这造成了从业人员在行业中的自然流动现象非常频繁。在对家庭服务企业的实地调研中，很多企业的管理者也提到，目前家庭服务企业所面临最大的问题是“跳单”严重，整个行业缺乏公共的信息平台对一些服务较差的从业人员进行监督管理，导致行业整体的诚信存在严重问题。最后，从业人员还没有统一的基本服务能力标准以及服务费标准，涉及各服务项目的服务费用收取也没有一定的行业标准，完全属于“一个企业一个价，一个人一个价”。

之所以产生这些问题，其根本在于相关的行业法规标准建设相对滞后，企业重视利润，不愿投入成本进行培训工作，也导致很多家庭服务从业人员的职业道德、言行举止、服务技能等方面素质和表现参差不齐，服务质量难以保证，服务安全也存在一定隐患，难以满足广大居民对家庭服务的规范化、多元化和个性化的要求。甚至有些家庭服务企业完全是“空壳化”，无法也不愿花钱为从业人员提供基本的指导和培训，导致服务质量较差，所提供服务与雇主要求常有差距，经常引发矛盾和纠纷。由于这些问题的存在，进一步导致居民找不到服务，或不敢接受服务，而服务企业又不知道谁需要服务、需要什么服务，无法实现供需对接。这就要求家庭服务业建立起行业规范，帮助相关企业建立质量监督、教育培训等系列管理制度，同时进一步完善人力资源调配、资质认证、服务监督等功能，加强对企业资质、服务质量的监督评价，统一规范服务标准，形成基于市场调节的企业准入和退出机制。

（三）从业人员职业化程度较低

家庭服务从业人员职业化，是保障家庭服务供给、提高家庭服务质量、促进家庭服务行业健康发展的重要基础性工作。然而，当前的从业人员依然存在培训不到位，收入总体水平较低，大多缺乏专业培训，服务不规范、不安全。由于从业人员保障机制不到位，权益得不到有效维护，很多家庭服务的从业人员依然属于流动状态，导致行业依然处于不稳定发展中。从当前的家庭服务从业人员的教育程度看，大部分属于进城务工人员，未能受到良好的专业化教育，基本上都是在家政公司接受简单的培训，随即上岗服务，并没有进行有效的评级等。根据《2017 年中国家政服务行业发展报告》资料显示，我国家政从业人员中的 90%仅有高中及以下学历，拥有大专及以上学历人员较少。即便如此，依然存在招工难的现实问题，尤其是在秋收等季节更存在“用工荒”，使家庭服务业的发展与城乡居民日益增长的家庭服务需求还不相适应，市场供求不够协调。

三、家庭服务业经营模式

（一）市场业态

在目前的家庭服务业中一般存在两种基本的市场业态：直营式和连锁式。其主要区别在于所有权和经营者之间的法律关系。直营式是所有权与管理者合二为一，由企业家自己开始进行独立管理和运营，这是很多家庭服务企业在创业阶段所选择的一种原始状态，也是行业处于低级发展阶段的典型特征。采取直营店的方式一般是为了布点需要，例如，在核心区域或者中心城市初期拓展时，均会选择直营式的运作模式，这样保证了价格的统一，对服务和产品质量也有一定的保证，也树立了统一的品牌形象。连锁式则是一种相对较新的经营管理理念，它通过契约关系建立商业合作关系，把分散的经营主体组织起来，在整体规划下以可复制的方式实行同一品牌、同一规范、同一管理的多点和多地服务，具有规模效益优势、消费信任优势、品质保证优势和成本竞争优势。在全国范围内，90%的实体家庭服务企业都是采取的连锁加盟形式，这不仅有利于提高企业运行效率和组织化程度，而且有利于提高企业竞争力，是家政服务行业提质增效的重要经营模式之一。

当企业的直营式经营到一定的程度，需要进行规模化扩张时，也要考虑实行连锁式经营，在短时间内扩大市场份额，形成规模效益。目前，家庭服务业的发展趋势也是由直营式经营向连锁式经营进行转变。从国家政策的导向看，也是积极支持家庭服务企业开展连锁经营来扩大规模和树立品牌。根据《2017 年中国家政服务行业发展报告》数据显示，“2016 年全国连锁家政服务企业数为 12 万家，占家政服务企业总数的 18.2%；连锁家政服务企业营业收入 1438 亿元，收入同比增长 3.7%”。在对家庭服务业“百强”的调研中发现，北京华夏中青、好月嫂、上海爱君三家企业代表家庭服务行业进入了

“中国连锁特许经营百强企业”，将家庭服务业带入一个新的发展阶段，也影响着家庭服务业行业的未来发展方向。例如，上海爱君在上海地区拥有 40 多家直营店，全国各地有近 500 家分店连锁，已经形成全国家政服务连锁品牌效应。同样，华夏中青也大都属于连锁加盟的性质，并且涌现出一批“千户百强”企业，其中福建中青是通过加盟连锁发展的。

（二）经营模式

目前，家庭服务企业的经营模式主要存在员工制、中介制和会员制三种基本形式（荣玉杰，2009），用工形式也由单一的住家服务逐渐发展为全日工、半日工、小时工等多种形式。

1. 员工制

员工制是指从事家庭服务业的实体招聘从业人员作为其员工，由该实体对员工进行培训并派到客户家进行工作，客户支付的费用先交给实体，由实体扣除管理费后再发给员工。在财政部、国家税务总局《关于员工制家政服务免征营业税的通知》（财税〔2011〕51 号）中，对于员工制企业的界定包含三个条件：①依法与家政服务企业签订半年及半年以上的劳动合同或服务协议，且在该企业实际上岗工作。②家政服务企业为其按月足额缴纳了企业所在地人民政府根据国家政策规定的基本养老保险、基本医疗保险、工伤保险、失业保险等社会保险。对已享受新型农村养老保险和新型农村合作医疗等社会保险或者下岗职工原单位继续为其缴纳社会保险的家政服务员，如果本人书面提出不再缴纳企业所在地人民政府根据国家政策规定的相应的社会保险，并出具其所在乡镇或原单位开具的已缴纳相关保险的证明，可视同家政服务企业已为其按月足额缴纳了相应的社会保险。③家政服务企业通过金融机构向其实际支付不低于企业所在地适用的经省级人民政府批准的最低工资标准的工资。员工制家庭服务企业与员工直接存在签订劳动合同关系，对员工进行直接管理，所有的员工都是按照统一的制度进行管理，并形成相应的内部员工管理、业务管理等制度化规范。同时，还会对员工进行岗前、岗中的培训，以满足业务开展的需要。在服务过程中进行全程管理，例如，根据客户需求来对员工进行调整。员工与客户之间只是服务与被服务的关系，并不发生直接的经济关系。客户直接与家庭服务企业进行结算，并由企业根据薪酬体系来进行员工工资结算。

2. 中介制

中介制是指由家庭服务企业作为中间人，为前来找工作的从业人员联系客户和完成对接，并由客户与从业人员签订家政服务合同，企业按次或者按照工资额的百分比收取服务中介费，不承担其他任何责任。在很多情况下，之所以采取中介制主要是由于家庭服务企业本身的资金少，或者不具备相应的人员储备，但拥有很多的重要信息资源。

从当前的运作模式看，中介制又可以具体细分为两种不同的形式：实体运营中介制和信息平台中介制。前者是通过传统的门店开展相关的业务，例如，早期的阿姨来了、阳光大姐等都是这种模式，通过租赁门店开展业务，并向客户推荐服务人员。客户从多位候选服务人员中挑选、试用等，直至找到合适的人选，随后直接与从业人员签订劳动合同，形成雇佣关系。后者则是通过融入信息化媒介，利用网络渠道替代传统的业务门店，其内核是融合了信息平台发展的中介制组织经营模式。此种情境下，家庭服务企业负责提供统一的着装和工具，后台接单和分单。用户下单后，其需求会直达各类服务人员，在完成付费之后，用户与服务人员可以直接沟通，直接谈价和约时间，这也是目前市场占有率最高的家政模式（黄薇，2017）。随着信息化程度的普及，很多大型家庭服务企业已经开始融合两个模式来开展业务。对于一些小型家庭服务企业，尤其是针对社区内的服务更多的还是选择实体运营的中介模式。

3. 会员制

会员制模式是介于中介制和员工制之间的一种社区家政服务经营模式，是二者的综合运作方式。会员制是家庭服务业企业招募服务人员作为会员，并通过自身的经营管理活动对会员进行培训，随后将其推荐到客户家中工作。客户将薪酬直接支付给员工，家庭服务企业并不介入其中，但会员每年要向实体交纳一次会费。这种模式主要是通过信息匹配而将不同经济收入的雇主和能够提供不同服务的服务人员进行对接，利用市场经济手段来采取差异化服务管理。然而从法律关系看，由于家庭服务企业对服务人员和客户并没有相对完善的法律保障，一旦彼此之间发生矛盾纠纷，企业同样也会陷入其中，承担一些连带责任。

表 5–2　家庭服务企业三种组织形式比较

	员工制	会员制	中介制
合同	公司与家政服务员之间系聘用合同关系，而公司与客户之间系服务合同关系	由家政服务员与客户签订服务合同	客户与家政服务员签订服务合同
管理	由公司派遣家政服务员到客户家工作，直至工作期满或中止工作时，随后回到公司等待再次分配	从业人员登记为会员，会费为一个月工资，由家庭服务企业为其介绍工作	按次收取介绍费
工资	客户每月将费用支付给公司，在扣除管理费后支付给员工	客户将费用直接支付给家政服务员	客户直接将工资付给家政服务员
承担责任	先由公司承担相应责任，然后对家政服务员进行追偿	家政公司不承担任何责任，但给予协助	中介组织不承担任何责任
保险	公司会为员工购买一份商业保险	客户决定是否为家政服务员购买商业保险	客户决定是否为家政服务员购买商业保险

目前，我国家庭服务企业的组织运营管理模式主要是三种模式共存的状态。这对于家庭服务业的发展来说是一个推动，因为不管是企业选择员工制还是中介制，都是基于企业的现实情况和利益考虑的。目前，大部分家庭公司都是中介制，大概占 83%。例如，上海的大部分家庭服务业企业都实行中介制。例如，在福州市注册的家庭服务企业的 90%为中介，对服务人员不承担管理责任和法律责任，而最大的员工制家庭服务企业只有 30 余人的规模。中介制的家庭服务企业只是为家庭和家政服务员提供供需对接服务而收取管理费，但不对从业人员履行劳动法律义务，对接受服务家庭不承担损害赔偿责任，难以满足家庭对安全性的要求，也不能对从业人员提供良好的或持续的职业技能培训。从业人员大多挂靠在多家企业，而非直属一家，每月的流动率一般在 20%~30%，为了保证服务质量，企业投入的培训成本不断提高。

当前的国家层面政策导向是鼓励家庭服务业推行员工制，这也是今后家庭服务业发展的方向。财政部联合税务总局发文，在 2011 年 10 月 1 日至

2014 年 9 月 30 日期间，对员工制家政服务员提供的服务项目取得的收入免征营业税，后来继续延期。该项优惠政策主要是从稳定社会就业，建立稳定的劳动关系，保障劳动者权益的角度出发。与此同时，员工制是社会财富在分配时的一个探索。以北京为例，如果家庭服务企业实行员工制管理，成本是每个人的 10738 元。当前的服务人员如果中间不换岗，一年仅能够给企业带来 3000 元左右的毛收入，企业还需要承担一定的责任。

在实际中，家庭服务企业选择何种组织模式，也具有一定的动态复杂性。例如，以福建树人有限公司、正忠信家政服务有限公司等家庭服务企业在发展初期是选择做员工制，这主要是企业可以直接控制员工的服务质量，从而树立企业品牌。员工制家庭服务企业，从业人员也会受到劳动合同法的保护，属于企业的派出务工人员，企业必须对其服务质量及责任负责，有利于规范家庭服务的行为。随后，这些企业也因为受到利益、权责等多种因素的影响，转向中介制组织模式。但是，在经历了一段时间扩张发展后，发现还是需要在做大规模的基础上提高经营质量，于是又开始推行员工制。很多家庭服务企业在认识这种发展历程之后，实行双轨制—中介制和员工制的混合。例如，深圳安子新家政服务有限公司对高端管理者或员工是通过员工制管理，而普通的员工则实行中介制。在家庭服务企业从中介制向员工制转变的过程中，还存在一种中间道路，即加盟制。此时完全的法律责任是以中介为主，从业人员是以个体身份进入家庭服务企业，自己承担社保和相关法律行为，而家庭服务企业仅仅提供工作岗位，以及在岗位期间的一个意外保险。

（三）经营范围

1. 地理范围

无论是中心城市或一般城市、城市或农村，都存在对家庭服务业服务项目的需求，只是由于不同地区的不同经济实力导致有效需求在不同阶段存在差异。城镇由于自身经济特点，对家庭服务需求强烈且点多面广，尤其经济发达的中心城市在对家庭服务的项目需求上具有多元化、个性化和高端化的特征，例如，管家、家庭医疗、月嫂等；一般中小城市的家庭服务需求则主要建立在基本需求上。例如，保洁、保姆等。与城市相比，农村对家庭服务的需求相对单一，主要集中在养老看护、病患陪护方面。随着农村劳动力转移就业和农村人口老龄化速度的加快，农村养老服务需求增加是非常明显的趋势。

在处理中心城市与一般城市、城市与农村的促进家庭服务业发展的关系上，需要考虑根据不同地区的不同经济发展情况，以及现实背景和特点而采取不同发展战略、制定不同政策措施。中心城市的家庭服务业发展一般起步较早，积累了不少经验，但也面临产业结构调整和服务升级等挑战，为此需要积极解决发展中存在的法律保障、权益维护、素质提升、标准制定与推行等问题。其他中小城市和农村可充分借鉴中心城市在发展家庭服务业过程中的经验，虽然起步比较晚晚，但需要按“保基本、高规范”的要求，尽可能避免该产业发展初期的混乱、无序和低效阶段，推动本地区家庭服务业的跨越式发展。对于农村家庭服务业的发展来说，虽然受收入较低、服务体系不健全等因素的制约，导致现在农村对家庭服务的需求不旺盛，但随着收入水平的提高和新农村建设，农村对养老、“三留守”等方面的服务需求也是存在很大的发展和增值空间，面向农村的家庭服务业是行业均衡发展不可或缺的一环。

2. 业务范围

目前家庭服务企业在经营范围上一般采取归核多元化，一种单一经营与多元化经营相混合的复杂经营形态。单一经营指的是只专注某一产品或服务的企业活动，多元化经营则指企业同时提供多种产品或服务，并不断开发新的市场。单一经营主要是市场上的中小企业，其优势是专注于单项服务，有利于做专做精。但多数中小企业资金少、效益差，规模难以做大。多元化经营则是企业取得较好效益的重要途径。当一个企业发展到一定阶段时，就会从单一经营向多元化经营转变并形成较长的产业链条，但多样化经营资本量大、信息面广、管理难度高，所需的专业人员也较多。

现在有的家庭服务企业提出“打开家门，一切交给我”的经营口号，就是最广泛的多元化经营，能够充分满足居民对家庭服务的所有需求。多元化是家庭服务需求的基本特征，而且随着社会进步日益丰富多彩，由此也决定了多元化经营是家庭服务企业发展的必经道路。家庭服务企业目前的归核多元化，一方面是从单一经营向多样化经营转变的必然环节，另一方面是基于企业自身发展的现实需求。无论多大的企业也不可能覆盖家庭服务的全部领域，家庭服务企业首先要有自己的核心服务和专项品牌，努力做专做精，才能向其他领域进军。只有通过归核经营才能体现出企业与其他企业的差异，并打造出企业的核心竞争力。多元化是为了围绕主业实现多渠道拓展，积少成多，降低企业在扩张时的风险和成本，提高企业效益。

3. 服务范围

当前我国家庭服务的主要经营范围有日常家庭清洁、家庭餐的制作、照顾老人、婴儿护理、病人看护、孕产妇的护理、搬家、管道疏通、房产中介、婚姻介绍等服务。虽然企业经营的项目繁多，但依然存在一个天然的边界，即服务人员是否能够进入家庭提供服务。这种天然的边界使得服务化的过程中对于新业务的开发、新价值的创造存在显著的差异。以最为常见的养老服务为例，在当前的服务类型中存在集中社区养老和居家养老两种类型。前者是通过建立综合性的老人群体住宿实现的，并由专业化家庭服务公司提供，在日常生活中一般是通过收费提供限定的服务。居家养老服务则是由家庭服务企业通过派驻服务员而提供服务，由于服务人员能够进入家庭内部，则可以通过与老人及其家人的沟通，或者自己的观察而发现更多的增值服务，从而为家庭服务企业创造出更多的价值。

从家庭服务的业务创新看，家庭服务范围以外的业务种类更多，但却很难形成规模和特色。由于居民的服务需求较多，企业很难完全满足客户日益增长的服务需求。一旦有需求满足不了，客户就很可能用新的需求替代，客户黏合度较差。同样，家庭服务范围以内的业务种类虽然十分有限，但更多的是通过日常的交流来寻求新的机会，客户对此的接受程度相对较高，尤其是对于“熟人”服务员的推荐，更容易获得客户的认同。

4. 价值范围

家庭服务业的门类众多，覆盖了市场的低端和高端领域。低端市场通常是传统的、低收费的、面向大众的基本服务，如保姆、保洁等业务项目。这些低技术含量的业务，通过简单的培训即可上岗。高端市场更强调服务品质，面向高收入群体提供个性化的服务，如家庭医生、管家等。这些高技术的业务对从业人员的素质、服务标准都有更高的要求，甚至需要相关的从业资格证书。目前，大多数家庭服务业所提供的服务项目都属于市场低端，主要局限在保洁、保姆、月嫂、钟点工等范围，服务提供与服务需求也错位脱节、互不对口。家庭中、高端服务类型，受生活水平和消费观念的影响，发展仍然十分缓慢，但从发达国家和我国大城市的经验看，当收入和消费水平达到一定临界值后，高端服务项目的需求会日益增多。

如今低端市场与高端市场的服务在相互交织中共同发展，在相互转化中共同发展，即所有的服务项目都可以通过演化实现升级，提升服务附加值。低端市场的很多业务项目可以通过提升服务品质而实现高端化，例如，将保姆进行培训而提升服务质量，最后升级管家。同样，高端服务也会因消费能力提高和需求普遍化而进入低端市场，例如，以往的月嫂服务已经成为目前城市家庭的一般消费项目。今后的多数家庭企业应立足于低端市场，满足大多数居民最基本的服务需求，如社区服务、居家养老、医院陪护等。但低端并不意味着永远的低品质，家庭服务企业可以通过提升服务品质，不断扩大经营范围。例如，通过提高企业的专业化、标准化、规范化的服务品质实现高端化。同时，还需要注意挖掘高端服务的潜力。随着消费水平的提高，高端服务的需求日益增多，在实践中不断探索高端服务的可能，鼓励企业顺应市场需求开发新的服务项目，通过降低收费标准，使高端服务低端化，走进千家万户。所有这些工作都是家庭服务企业在创新活动中的重要任务和发展导向。

四、“互联网+”时代的家庭服务业发展

2015 年，国务院印发的《关于积极推进“互联网+”行动的指导意见》指出，“把互联网的创新成果与经济社会各领域深度融合，推动技术进步、效率提升和组织变革，提升实体经济创新力和生产力，形成更广泛的以互联网为基础设施和创新要素的经济社会发展新形态”。将“互联网+”概念导入相应的产业领域，并开始成为今后一段时间内相关产业实现创新的重要突破口。“互联网+”不仅是一种新的发展思维，也是一种新的发展手段，在推动传统产业转型升级的同时，也创造出一些新的业态形式，给社会生产、居民生活带来深刻变化。“互联网+家庭服务业”是以互联网为载体，充分发挥互联网的高效、便捷优势而推动家庭服务业的产业结构、业态形式、商业模式等发生变革，最大限度地解决供给方与需求方的信息不对等问题，从而提高资源利用效率，降低服务消费成本的一种创新发展方式。家庭服务业也开始利用“互联网+”加速创新发展，不仅注重对传统业务模式的升级，也强调形成新的业务模式，使线上交易与线下服务融合得更加紧密，有效地实现了服务范围不断扩大、服务水平不断提高和服务质量不断增强。

（一）“互联网+”的兴起引发家庭服务业变革

“互联网+”是指利用互联网的平台，利用信息通信技术，把互联网和包括传统行业在内的各行各业结合起来，在新的领域创造一种新的生态体系，其中既可能是对传统产业的改造，也可能是产生一种新的产业，即基于互联网而形成推动产业创新的驱动力。国家层面提出“互联网+”的概念出现在 2015 年的政府工作报告中，其中明确指出“制定‘互联网+’行动计划，推动移动互联网、云计算、大数据、物联网等与现代制造业结合，促进电子商务、工业互联网和互联网金融健康发展，引导互联网企业拓展国际市场”。随

后，从国家到地方出台了一系列支持政策，使“互联网+”开始融入不同的区域和领域，引导信息化社会开启新一轮的变革。

当前，互联网作为现代经济社会发展基础设施和实现工具的重要性越来越突出，实施基于“互联网+”的双引擎战略也成为国家战略方向的重要选择。从表面含义上看，“互联网+”是“互联网+各个行业”，但这并不是简单的两者相加。从本质上看，“互联网+”是通过利用信息通信技术以及互联网平台，让互联网融入到现有的产业活动中而创造出新的业态形式，即充分发挥互联网在社会资源配置中的优化和集成作用，形成以互联网为基础设施和实现工具的经济发展新形态，获得创新成果和效益。“互联网+”不仅可以成为推动中国经济发展的双引擎，而且还能重塑中国的经济结构，带来更多价值增量，提升国家核心竞争力。根据麦肯锡公司数据显示，互联网能促进中国GDP 提高 4 万亿~14 万亿元，占 2014~2025 年 GDP 增长总量的 7%~22%。

基于“互联网+”开放式环境可以更好地实现“互联互动”，例如，人与人、物与物、业与业都能够突破时空和边界的限制而形成关联，在使传统业务焕发出新生命力的同时，促进了产业的迅速增长。进入工业化后期，中国也面临着由制造业向服务业的逐步演进，服务业开始成为支撑国家经济发展的重要基础。在此背景下，利用“互联网+”是促进服务业实现创新的重要手段，可以不断形成新的商业模式和业态形式，打造出以互联网为基础的服务业发展新模式。例如，在市场环境中，通过互联网等信息技术的创新应用和用户需求的深度挖掘，利用大数据、信息化来颠覆传统的服务供给，形成以满足客户多样化、差异化和个性化服务需求为核心的新模式，帮助企业提高效率和降低成本，使其成为企业战略转型和推动的方向和内容。例如，“互联网+”金融、医疗、交通、餐饮等都已经成为当前服务业创新的重要典范。

根据国家统计局数据显示，2015 年，“触网”的规模以上传统居民服务企业实现营业收入同比增长 13.9%，高出单纯靠实体店铺经营的规模以上居民服务企业增速 8.8 个百分点。家庭服务业作为一种重要的生活性服务业，在受到“互联网+”影响的同时，也在积极利用“互联网+”寻求新的突破。在“互联网+”时代，随着居民生活水平的提高和收入的增长，消费者可以借助信息网络手段和平台主动寻求自己想要的精准服务。与此同时，家庭服务企业也可以通过与客户更加方便、直接的互动来主动挖掘用户需求，并形成有效匹配来满足需求。这进一步刺激、推动了供给侧改革，即不断将客户个性化、多样化的消费需求转化为有效供给，使家庭服务业的内在品质得到提升，为“互联网+家庭服务业”的发展提供了潜在的机遇，并逐渐成为新的经济增长引擎。

（二）“互联网+家庭服务业”的运作模式

家庭服务业一直属于劳动密集型服务业，其主要经营方式是通过派驻或介绍服务人员为客户（或消费者）提供服务以获得相应的收益。随着互联网应用不断深入，不仅传统家庭服务企业开始以互联网为技术手段实行转型发展，而且也吸引了一批互联网公司进入家庭服务业的细分领域来挖掘潜在的市场发展机会，例如，外卖、维修等日常生活服务类目都开始与互联网进行融合，形成了新的业态形式，使家庭服务业开始迈入“互联网+”时代。“互联网+家庭服务业”的主要运作模式包括三种：传统家庭服务企业升级、互联网家庭服务企业运营和借助互联网平台业务合作。

1. 传统家庭服务企业升级模式

家庭服务业本身涉及诸多的业务种类，如何以更低的成本和更高的效率来获得社会需求信息，并对此进行资源整合以提高经济效益已经成为传统家庭服务企业关注的现实问题。“互联网+”经济时代的到来，进一步激发了互联网思维下传统家庭服务企业的转型升级。随着电子商务的普及，家庭服务业与互联网融合的程度在不断加深，很多家庭服务企业开始在原来的实体经济基础上，开发网络平台以提供更便捷的服务，有力推动了企业商业模式的持续创新。例如，利用互联网推动企业内部业务流程的重构和变革，不断延伸和拓展现有的产业链，形成新的业务和价值增长点。通过这一系列的“互联网+”变革，很多家庭服务企业的服务内容不断从基础向高端，从局部到综合，从低端价值向高端价值持续演进。

传统的家庭服务企业还是属于中介制，很少采用员工制，这使大部分企业依然停留在纸质化办公、被动坐等客人上门的门店经营模式中。虽然部分企业开始认识到“互联网+”时代已经来到，但在实际运用中主要是借助于网络平台进行相关的信息的发布和收集，并没有真正地认识到互联网的内在价值，利用互联网的转型升级依然处于表面形式，并没有真正地落到实处。然而，对于一些已经具有较大规模的员工制企业而言，已经开始认识到企业在未来发展中互联网的重要性，积极进行战略布局。例如，通过利用互联网化的技术手段，围绕客户需求提供家政、营养和健康服务等家庭整体解决方案。同时，这些企业还通过信息化技术的改造和升级来高效管理、缩减成本，保障服务人员和客户之间的信息沟通。例如，客户能够按需选择服务人员，定制化服务内容、时间，实现了“更低的价格获得更好服务”的颠覆式体验。

目前，我国已经有相当一批家庭服务企业开始借力“互联网+”进入平台化运营，通过创造出更加方便的客户体验，提升了企业竞争力。其中的一个典型例子是山东省阳光大姐家政公司，阳光大姐最初的模式是通过不断的门店扩张而提供现场服务，一定程度上获得了规模效应和市场影响力。为了顺应居民消费结构升级的趋势，确保在激烈的竞争中继续获得市场地位和份额，阳光大姐开始利用“互联网+”思维来进行业务升级，开发 APP 服务平台提供月嫂服务、保洁服务、家务服务、技能培训，客户可以直接在网络平台上进行服务的选择和预约，节省了企业的运用成本，也让客户能够直接了解服务品质、价格等内容。

2. 互联网家庭服务企业运营模式

随着移动互联网的发展和智能手机的普及，专业化的互联网家庭服务企业也开始出现。2013 年，一些细分业务领域的互联网家庭服务企业开始集中进入市场，例如，e 家洁、身边家政、阿姨帮、阿姨来了等多家移动家政公司先后成立。互联网家庭服务业企业的运作模式主要是通过网络迅速发现客户需求，有针对性地统筹优质资源，快速提供个性化的家政服务体验。在很多情况下，互联网家庭服务企业仅仅是一个平台公司，主要是通过发挥互联网技术的优势，在服务主体与客户之间建立信息渠道。不仅可以解决信息不对称造成的信息壁垒和“信息孤岛”，还可以适时、高效、便捷地找到能满足个体服务需求、服务质量有保证的专业服务人员。例如，51家庭管家是一家依托“互联网+”模式的家庭服务公司。用户可通过平台入口登录，根据服务的类型来选择合适的家政人员。用户通过网络下单后，系统会根据输入的具体服务地址进行筛选，筛选出最近的保洁人员，并由客服安排他们提供服务。保洁服务结束后，会有督导进行现场检查，并记录用户的感受和建议。在服务完成后，给出所有用户可见的评价。同样，云家政也是一家互联网家庭服务企业，平台上提供的工种已覆盖全部家政服务，包括宅速洁（临时钟点工）、长期钟点工、住家保姆、月嫂、育儿嫂、老人看护，能够满足用户的大部分家庭服务需求。

互联网家庭服务企业突破了传统模式，将家庭服务企业与互联网联系在一起，并基于移动互联网技术建立新型的业务系统，线上以大数据、云计算等先进信息技术构建服务管理模型，分析、挖掘、满足服务需求。然而，这种企业并没有线下实体，在很多情况下靠收取中介费、广告费、系统使用费及增值服务费（保险）等获得生存。其中的运作基本上存在三个主要内容：一是通过开发的APP平台提供后续的服务和完成交易，例如，提供消费者搜索服务员功能，服务员预约消费者功能等服务有助于客户和服务人员相互选择，进而达成交易；二是通过进行大数据的挖掘和处理，完成对相关新业务信息获取、挖掘和打造，以形成新的价值增长点；三是利用前期的费用预存、押金等获得相应的现金流，基于金融服务来弥补线上服务的成本。虽然互联网家庭服务企业可以依靠风险投资等资本的介入来迅速从市场中挖掘机会，实现业务拓展，但很多情况下由于家庭服务业本身的特性在于客户与服务人员之间的直接沟通，而网络的虚拟性很难保证这种交互活动的效果。此外，由于大部分互联网家庭服务企业都属于轻资产企业，很难抵御风险。

3. 借助互联网平台业务合作模式

目前，门店类型的家庭服务企业是提供家庭服务的核心主体，很多的服务资源依然掌握在这些传统企业的手里。为了降低营销成本，一些中小型家庭服务企业会考虑借助垂直互联网门户公司的流量，实现少投入，例如，通过北京保姆网、58同城、赶集网、上海第一家政、百姓网等互联网平台的流量入口去获取线上订单以弥补线下订单少的缺陷。这种模式可以很好地实现互联网公司与传统家庭服务企业的优势互补，降低了传统中介获取需求信息的成本，并充分利用传统家庭服务企业充沛的人力资源储备，以及服务者的培训、审核、管理等管理优势。门户网站公司一般依靠家庭服务企业广告费来获得收益，从而实现了合作共赢。

这种模式一般都是在“互联网+家庭服务业”发展初期，对于互联网门户企业而言，可以尽可能地快速扩充服务内容和品类，为客户提供更多的信息和选择。然而在很多情况下，由于家庭服务业的特殊业务特点，导致容易出现“一锤子”买卖的现象，一旦出现家庭服务企业能够很好地满足客户需求，彼此间会建立直接联系，门户网站则难以获得持续的收益。但是，要建立这种联结也存在一种弊端，因为客户主要是从门户网站中获得所需要的信息，这增强了门户网站的品牌价值，而家庭服务企业的品牌价值则未能得到明显的增强。在一些极端情况下，如果出现了客户和家庭服务企业之间的矛盾，门户网站的声誉则不可避免地会受到负面影响。

（三）家庭服务业的O2O运作模式

随着“互联网+”风潮兴起后，家庭服务业开始被互联网思维颠覆，O2O模式正在成为家庭服务企业做大做强的主要发展思路。O2O（Online to Offline），即线上和线下的充分结合，是指借助互联网、通信技术等现代化信息技术，以提高家庭服务业在业务销售、客户管理、信息匹配、市场推广等方面的效率。通过网站、APP、微信等入口，以线上预约、支付、评价反馈，线下享受到家服务的方式，为有家庭服务需求的用户提供育婴早教、家庭保洁、老人陪护、管道疏通等生活服务的新型家政模式。

在O2O商业模式中，由家庭服务提供方（即家庭服务企业或家庭服务员）、家庭服务消费者、O2O平台三方组成，交易在线上进行，消费服务在线下进行。家庭服务企业可以充分利用互联网的优势，通过连接线上及线下的新商业形式打通线上线下界限，将线下家庭服务业商务的机会与互联网结合在一起，让互联网成为线下交易的前台。很多家庭服务企业的O2O平台（包括官网、手机 APP、微博、微信）充分利用信息优势来拓展服务内容，将线下家庭服务资源信息化并开放在线上平台，打破原有线下资源与服务需求对接的信息不对称的格局，运用互联网系统进行信息归类、筛选和匹配，以线上高效的资源配置代替线下低效的服务对接。这样可以建立一个完整的闭环系统，各个环节都实现连接，线上主导信息流，线下重在服务体验。同时，通过实体店面展示服务，有效控制成本和风险，还能深入研究和挖掘客户群体以及需求特点，为用户提供更加便利的服务。

好慷在线是一家将互联网与家庭服务业相结合的 O2O 企业，成立于 2010 年，总部位于厦门。好慷在线通过“线下阿姨培训站+无线互联网”的方式整合服务资源，并能为线下服务上输出标准的产品体系、培训体系、管理体系。在线上，好慷在线是一家专业的家庭服务预订平台，平台提供阿姨 1800 人左右，约有 30 万用户。在线下，好慷在线的服务覆盖全国 30 个城市，采取“员工雇佣制 + 包年”服务，核心业务为家政服务，在每个城市都设有一个线下培训站，进行从业人员的培训、管理及物料周转。客户可以通过这个平台预订家庭服务，并完成支付；所提供服务的人员均通过好慷线下的培训站培训并考核通过才进行服务，且每一个订单服务完成后都将执行严格的品质监管工作。好慷在线的经营理念是打造一款标准化的保洁产品和一支自有的服务团队（雇佣制），使服务人员的服务时间可以库存化，从而实现内部自动化的系统调度。

第六章　典型区域家庭服务企业案例分析

一、福建省家庭服务业发展情况

自从2010年国务院印发了《关于发展家庭服务业的指导意见》之后，福建省高度重视发展家庭服务业，坚持“政策引领、部门协同、市场运作”原则，把促进家庭服务业发展作为增就业、扩消费、优结构的重要手段。福建省为进一步贯彻落实精神，发布了《福建省人民政府关于加快发展服务业的实施意见》（闽政文〔2011〕28号）、《福建省人民政府办公厅关于发展家庭服务业的实施意见》（闽政办〔2011〕193号）、《福建省人民政府办公厅关于加快发展社区服务业的意见》（闽政办〔2012〕150号）、《福建省关于加快发展养老服务业的实施意见》（闽政〔2014〕3号）等一系列部门文件，将家庭服务业列为服务业重点发展的十大领域之一。截至2014年初，福建省工商注册的经营项目中包含家庭服务项目的机构有5769家，其中纯粹的家政公司有1754家。2016年，福建省发展家庭服务业促进就业厅际联席会议办公室发布了《福建省促进家庭服务业发展政策服务指南》，将可惠及家庭服务企业、企业主和从业人员的相关政策（含普惠性政策和专项扶持政策）进行归纳梳理，提高了政策运用和落地的效益，进一步推动了家庭服务业的快速发展。

福建省家庭服务业的行业管理方面一直居于全国前列。2009年，福建省成立了家政服务行业协会，并于 2014 年更名为“福建省家庭服务业协会”，目前有 158 家会员单位。“十二五”期间，福建省家庭服务业协会先后制定出台了《福建省家政服务行业公约》《福建省家政服务标准》《福建省社区居家养老服务规范》《福建省母婴护理服务规范》等一系列省级地方标准，在服务质量、管理、从业人员资质、考核标准等方面取得了很大的成绩和效果，有效规范了整体行业服务行为，也为今后的职业化发展奠定了很好的基础。在家庭服务业协会内部也按照不同的业务类型建立了多个专业委员会，例如，2014~2015 年先后成立了清洁专业委员会、学生托管专业委员会等。作为家庭服务业发展较快的省份，福建省内涌现出一批具有代表性的家庭服务企业，例如，“小羽佳”“孔雀河”“树人”“中青”“雪品”“好慷”等企业。从 2011 年开始，福建省以国家推动创建“千户百强”“十百千万”为发展契机，选择部分管理规范、运作良好、示范性强的家庭服务龙头企业进行重点培育，支持优秀企业开展更新专业设施，指导企业提高服务质量，推行《家政服务合同》统一范本，引导家庭服务企业从中介制向员工制方向发展，努力实现做大做强。在每次“千户百强”评选中，都有一批优秀的企业涌现，例如，在 2015 年的评选中，有 9 家企业进入“百强”名单，18 家企业进入“千户”名单。

二、基于多案例分析的研究思路

案例分析是一种研究方法，其焦点在于理解某种单一情景下的动态过程（Eisenhardt，1989）。Yin（1994）提出，“如果研究者对事件的发生没有控制能力，当关注的焦点是当代的现象，并有着真实的生活背景时，案例研究就成为人们倾向选择的战略”。案例研究作为经验性研究，主要是通过收集事物的客观资料，并用归纳或解释的方式来得到知识，适合回答“What”和“Why”的问题。相对于实证量化研究，案例研究可以通过对个案翔实的资料进行系统的整理和分析，从而能够对主体的行为活动与所处的情境脉络形成一个更有深度的认知，从更为全面和系统的角度来理解其中的逻辑关系，并为后续的研究提供理论推演的前提和基础。

本书的重点研究内容之一是分析家庭服务企业的创新情况。然而在当前的研究中，由于家庭服务企业的业务形式多样，商业模式较为繁杂，很少有针对此进行深入的研究。目前的阐述和论证并没有得出一个更让人信服的认知，更多的是关注于某种特定业务的发展情况，对家庭服务企业业务中共性和差异性存在认识不足。利用案例研究的方式分析实践活动，不仅可以将理论与实践更紧密地联系在一起，而且可以从实践活动中总结和归纳出合适的理论思路。案例研究可以加深对现实中研究现象的理解，在对一些未知领域的探索性研究中，也经常采用案例研究进行分析，特别是需要基于个案的质性方法来解释过去发生的现象与未来趋势（Kerlinger，1985）。此外，也有一些学者指出，对于企业层面创新变革活动的研究适合采用案例研究的方式进行（Tsui et al.，2004），这样可以实现理论归纳和构建研究（潘绵臻、毛基业，2009）。这种思想也为选择案例分析研究提供了进一步的佐证。

案例研究根据研究的目的可以分为描述性、解释性和探索性三种类型。其中，描述性案例研究主要是对人、事件或情景的概况做出准确的描述，通常是以教学案例为主；解释性案例研究的目的在于对现象或研究的发现进行归纳，并最终做出结论，通常适于对相关性或因果性的问题进行考察；探索性案例研究是研究者对案例提出自己的意见和看法，可以实现在未知的活动中抓住主干和关键性要素，进行更为精确的分析。从本书的研究看，主要是根据当前的现象分析潜在的逻辑，即采用探索性案例研究进行。根据案例研究中案例的选择可以分为单案例研究和多案例研究，其中的侧重点也存在差异。多案例研究与单案例研究相比，在模式匹配、建构性解释、时序模型、逻辑模型和跨案例聚类分析上具有优势。相对于单案例而言，多案例研究往往能够为理论构建提供更为坚实的基础（Yin，1994），其现实意义也更为普遍。特别是多案例能够进行相互比较，进而澄清是否新的发现仅仅是单案例所特有，还能够被多个案例重复检验（Eisenhardt，1991），尽可能地克服其中存在的偏差。同时，多案例研究所得出的结论更加可靠，可以更加有把握地断定潜在的“模式”，更具有普遍意义（黄振辉，2010）。然而在多案例研究中，需要选择合适的、满足所有条件的案例样本，才能具体接触到企业实践，进而观察、分析和认知创新活动。

立足于实践看，通过对家庭服务企业的创新活动进行分析，可以帮助我们打开企业层面创新这个“暗箱”，进而综合起来得到家庭服务业的总体发展情况，从而为更广层面的政策制定、行业规范和企业战略等提供指引。从家庭服务业所在的服务创新活动看，都是以服务为导向而不断推动各项经营活动的持续提升，从而实现企业价值的增长。就具体的创新活动而言，一般都是遵循三条路径实现的：一是创新服务过程，例如，在价值链的各服务环节或各服务环节之间对内在的服务作业过程进行创新从而提高效率；二是创新服务功能，例如，通过改变价值链内部的服务作业活动组合来提升价值；三是创新服务产品，例如，提升原有服务产品的质量和价格优势，以此巩固市场地位，或以比竞争者更快的速度引入新的服务产品，形成服务产品的差异化优势。通过三种方式的综合运用，就可以在价值链活动中为供应商、客户、员工等服务对象提供新的服务平台、服务理念和差异性的服务方式等，从而促进新价值的产生。就此来看，家庭服务业的创新活动会具有较大的差异性，这就要求不能局限于单一的企业案例进行分析。因而，采用多案例研究是比较适合的。

对于任何多案例研究来说，要必须选择多个明确的研究对象。特别是实践活动中的企业存在不同业务形式和经营模式，会导致其活动必然出现差异化现象，也对案例研究提出了更高的要求，即选择合适的案例进行分析。对于案例具体的选择上并不需要严格地遵循随机抽样，只需要所研究的案例拥有很典型的特征且具有一定的代表性来符合理论抽样的要求（Eisenhardt，1989）。对于研究案例的选择标准一般有以下两种：在样本性质方面，要求被选定的样本与研究主题高度相关；在样本数量方面，不在乎样本数量的多少，而侧重于所选样本的典型性和对样本的研究深度。因此，本书也主要是依据这两条选择标准选择合适的案例研究样本。在研究工作的开展过程中，主要是在福建省为代表的典型区域选择“千户百强”企业，通过对相关的家庭服务企业进行实地调研，包括与家庭服务企业的董事长、总经理等高管进行访谈，索取了相应的资料等进行后续分析。

三、家庭服务企业创新分析

（一）福州树人家政服务有限公司

1. 企业基本情况

福州树人家政服务有限公司（以下简称福州树人）成立于 2002 年 10 月，是福建省最早注册的专业服务公司之一，至今已有 15 年的发展历史，现注册资金 800 万元。自 2002 年开始，福州树人从初创的“一张课桌、一部电话、两个人”向正式化公司化运作进行转变。在经营方式上，初步实现了由探索经营向专业经营的转变；在管理机制上，实现了由“人管人”向“制度管人”的转变；在经营效益上，实现了向服务效益、社会效益、信誉效益、利润效益的转变；在规模经营上，实现了由单一经营向多种经营、连锁直营、加盟联营的转变，走出了一条“自我滚动、自我发展、自我完善”的良性循环的路子。在服务内容上，由单纯的家务保姆发展到钟点工、家教、家庭护理、月子保姆、家庭清洁等多种门类；在服务方式上，从以中介为主逐渐向员工制等多种形态转变。

目前，福州树人提供的服务门类包括家政服务（提供家政服务员、月嫂、育儿嫂、钟点工、护工等）、小学生托管、工程保洁等，其中家政服务员和小学生托管属于公司的优势项目。截至 2013 年，福州树人有各级管理人员 49 人，直接员工 536 人，持证上岗家政服务员 3817 人，每年登记和安排的家政服务员在 7000 人以上，拥有 126 家连锁和直营网点，各网点面积超过 18000 平方米，其中公司家政服务人员中 80%属于外来务工人员。福州树人共登记了 9367 名家政服务员（保姆、月嫂），培训了 683 名，其中 430 名获得由福州市劳动和社会保障局颁发的结业证书；福州树人共登记了 8536 名家政服务员，培训了 1286 名，其中 800 名获得由福州市劳动和社会保障局颁发的结业证书；接待 5737 名市民。除此之外，树人托管现有连锁校区 300 余家，业务范围遍及福建、上海、广东、浙江、河北、陕西、湖南、山西等 13 个省份、30 余个城市，同步服务学生近 3 万人。此外，福州树人也是福州市唯一一家拥有家政员国家技能职业鉴定资格的家政公司，已经形成“招聘—培训—鉴定—就业”一条龙家政体系。同时，福州树人还是家政企业中较早重视品牌的企业之一，“树人”注册商标于 2002 年在国家商标局注册，现已申请福建省著名商标和福州市知名商标。2010 年，公司通过商务部“福州市家政龙头企业”验收，获国家财政部、商务部专项资金扶持；2011 年、2012 年连续两次被评为“全国百强家政”企业。经过 15 年的发展，现在福州树人已经成为福建省内具有影响力的家庭服务企业，为社会创造了大量的就业岗位。

2. 企业创新的重点内容

树人公司的主营业务是家庭服务，包括保姆、月嫂、家庭钟点工等。公司在实际运行中立足于优势项目，通过完善制度体系，挖掘价值增值，塑造企业文化，打造信息平台和培养人才队伍四项创新活动来打造全新经营模式，最终形成服务人员（保姆、月嫂）培训、职业技能鉴定、就业推荐、服务管理的链条式完整服务体系。

（1）完善制度体系。虽然在人员制度上经历过波折，但在目前的日常运营中，福州树人逐渐开始回归员工制，并积极探索建立基于流程化管理的科学管理模式。树人公司从 3800 多名持证从业人员中挑选了 101 位信誉度高、服务质量好并持有《再就业优惠证》的优秀家政服务员，吸纳为正式员工。在这种劳动关系中，客户与服务人员之间只存在用工关系，不存在工资关系。公司按客户要求安排适合客户的员工到雇主处工作，客户按约定工资、约定时间把员工服务费用汇入树人家政账户。客户对于用工的评价也会及时反映到公司，随后公司会在规定时间内重新安排适合客户的员工到岗工作。同时，公司为每位家政钟点工购买保额为 10 万元的意外伤害，以确保服务人员的切身利益，也为客户减去不必要的麻烦和用工风险。

在制度体系建设中，福州树人已经形成了培训制度、全程管理、跟踪服务、员工关爱和工作质量考核等制度来保障企业日常经营的正常运行。其中，培训制度体系，包括服务岗前培训，提供必要的业务技术知识更新培训等；考核制度体系，包括建立完整的个人档案、全面的工作记录和工作业绩积分累积，全程跟踪管理，协调与用户的关系，建立薪金外基金式年终分配激励机制，对表现突出、成绩优异者推荐参加三八红旗手、再就业标兵等评选，表现突出者优先推荐星级服务员的评定，并享受星级星酬等；员工关爱制度，包括累积工作日满一年后可享受公司年休疗养假，扶持优秀服务员自主创业，为员工提供法律咨询和法律援助服务，保障员工的合法权益和人格尊严，为员工量身定做一套符合个性的个人成长记录和发展计划，搭建公司和服务员之间联系密切的信息沟通平台等。

（2）挖掘价值增值。为了更大地挖掘潜在的市场增值点，福州树人建立了树人托管教育连锁机构。幼儿托管虽也是围绕家庭服务展开的增值服务，其主要特点是满足于现在上班族家庭的需求，但又在服务范围上超出了传统的家庭服务范围。福州树人发现了这个潜在的市场机会之后，开始建立规模化连锁化、规范化管理的小学生托管机构。在具体服务中，以学生的接送、寄膳、寄宿、功课辅导、特色补习、野外大课堂、家庭教育为主营项目。除了承担为小学生提供照顾、教育等基本功能之外，还积极向其他业务进行拓展。例如，素质拓展、军训等，从而在更大程度上发掘市场价值。在市场拓展上，福州树人采取的是直营店、加盟店混合经营，在员工管理上也采取的是力推员工制。树人托管经过 17 年的发展历程，在职员工 1000 多人，现旗下已有 600 多家连锁园点，分布于福州、厦门、泉州、上海、浙江等全国各地。

（3）塑造企业文化。福州树人在发展的历程中也逐渐认识到企业品牌的重要性。2012 年，公司正式开始实施企业文化建设，从简单的工作推荐上升为合格工人的培养，从技能的培训开始延伸到职业化精神、职业化心态的培养。积极利用现代化手段，例如，通过视频、图片、活动、游戏、竞赛、分享等方式引导员工思考：为了什么要工作？怎样工作能获得更多的认可？工作要遵循什么职业规范？职业价值在哪里？工作要掌握什么“技术”等一系列问题。在日常工作中，福州树人还选派专职管理人员负责员工的思想工作教育和技能指导，指导员工如何解决工作中出现的问题，为员工提供法律咨询和法律援助服务，参与协调和处理服务过程中出现的非正常事故等。此外，为了进一步加强组织凝聚力，福州树人还组织了每日一培训，每周一次小活动，每月一集训，每年一次大活动等，让员工聚集在一起，强化组织凝聚力。

（4）打造信息平台。家庭服务企业在日常运行中的最大问题之一就是实现客户和服务人员之间的合理匹配。在传统的家庭服务企业日常运营中，经常出现客户疲于奔波多家家庭服务企业而挑选合适的服务人员，即使有人可挑，短时间内也无法对服务人员有更多的了解，只凭初次见面的印象、价格就决定是否雇用对方，而对该服务人员以往的工作经历、服务质量等信息完全无法了解。为了解决这个问题，从 2012 年开始，福州树人打造了淘宝式家庭服务网络平台（www.shuren365.com），实现了信息共享、客户咨询、网上下单、客户评价、企业跟踪管理的一体化服务，做到线上线下紧密结合，为家庭服务业电子商务网络平台打下基础。该平台不仅将现代电子商务综合性技术与传统家庭服务结合起来，还把家庭服务的门类、子项、收费标准等内容明确地放在网上，市民寻求有关服务时，可直接通过上网进行预订联络，并采取网上付费，实现了像“淘宝网”购物、“携程网”订票一样方便的现代化订购方式，提高了效率和效益。

该平台详细记录了所有待聘和在岗的服务人员的信息，除了照片、籍贯、年龄、从业经验等信息外，还细化到如宗教信仰、口味习惯、性格特征、烹饪特点等数十个描述指标，对服务人员做出详细的描述。除了记录服务人员的上述基本信息以外，还动态记录了服务人员在每次为雇主服务过程中的服务质量等信息，跟踪每位签单客户、员工服务质量的回馈以及服务中出现问题的解决。通过对雇主的回访，使每次工作都记录在案。平台正式上线后，首批有 300 余名月嫂、3000 余名在岗及待岗服务人员统一上线。通过此平台进一步整合和引导了家庭服务需求，使各类居民用户、服务企业均各取所需，实现了供求信息对接，解决了闲余劳动力，扩大了就业服务渠道，提高了居民消费层次。

（5）人才队伍培养。鉴于家庭服务从业人员文化素质普遍较低，为了实现持续、规范发展，福州树人开始推动人才队伍建设，通过培训提高服务人员的素质和技能水平，进而规范和提高服务质量，真正体现和创造服务的价值。根据家庭服务工作的特性，福州树人采用两种方法进行培训，半个月的岗前封闭式集中培训和分制上岗中回炉培训。其中，封闭式集中培训是根据家政服务人员在平时工作中的一些习惯思维和行为定式，制定相应规范，把纪律篇、礼仪篇、实操篇、护理篇拍摄制作成多媒体教学片，让服务人员反复学习对照自己的行为，以确保其思想观念、行为意识、生活习惯和服务技能更好地适应服务需求。同时，福州树人还招聘了 7 名专职指导老师培训服务人员，让服务人员在 14 天的封闭培训中通过自己动手和老师指导，在短期内学会不同种类家庭服务项目。例如，基本的婴儿、老人护理、家庭保洁、园艺栽培等技巧。学分制在岗培训是将课程进行分解，要求服务人员在上岗期间回公司进行培训并做好记录。除了必须学习的基本课程外，还特别结合服务人员在工作中遇到的实际情况进行指导。在培训工作中，福州树人努力做到理论培训与实际操作有机结合，从生活礼仪、为人处世、生活习惯等方面进行指导，只有完成培训方案的服务员才能结业，并推荐安排工作。目前，福州树人有 3 人参加家政考评员考评，取得了国家级家政服务职业考评员资格证；30 人获得省人社厅颁发的“省高级家政员”技能证书；599 人通过了初级技能鉴定，取得了技能证书。

3. 未来战略发展

战略是指引企业未来发展的重要导向，福州树人将公司的未来发展规划归纳为“三、四、五”工程，即“三件大事，四大目标，五项重点”。

（1）三件大事。一是继续完善淘宝网式国内家政服务信息平台。福州树人将继续依靠其创新的信息网络、门店数量和雄厚的品牌实力积淀，以及专业系统的支持，为客户提供“线上网络营销+线下培训鉴定+线外售后服务”的立体、系统、专业的服务，使信息平台成为福州树人的一张名片。二是兴建福建树人家政综合信息学院。福州树人在认识到家庭服务人才的重要性之后，将培养人才放在公司发展的首要战略任务之一。通过培养劳务、培训师资、开发管理与研究高级家政人才的专业院校，使福州树人成为提升劳务开发档次及培养专门人才的重要基地；同时，根据市场需求，培训多层次的家政服务人才，如尝试培训大学生保姆、试点培训高级保姆、星级保姆、有计划地培训涉外保姆、适量培训男保姆，以适应不同层次的雇主需求。三是扩大企业经营的市场和业务范围。在社会资本的选择上，主要考虑与投资集团公司或高科技企业寻求战略合作伙伴关系，以信息平台高科技引领二次创业，推动服务标准建设，开发服务新产品。

（2）四大目标。一是经营规模目标：营业额年均增长 50%以上；利润年增长 10%以上；增加服务门类，完善多层次家庭社会化服务体系；增加门店，市区、跨市区、跨省份设立直营店、加盟店。二是吸纳就业目标：每年培训安置递增就业 2200 人。从业人员职业素质和技能水平不断提高，专业技术人员全部持证上岗。三是经营方式发展目标：著名、知名家庭服务企业认定；进入资本市场融资；积极推进中介制向员工制转变发展。四是创新目标：根据社会的发展、市场的变动，适度创新服务模式。

（3）五项重点。福州树人将传统家政服务业、养老服务业、社区儿童照料服务业、病患陪护服务业、中高端家庭服务业作为未来企业增长的价值点，逐步建立起覆盖市内各社区的家政服务信息网络系统，争取家政服务人员的持证上岗率达到 100%；构建以家庭为核心、以社区养老服务网络为支撑的居家养老服务体系，建设高标准的社会化养老服务机构，启动养老服务星级认定；在推进家庭服务进社区过程中，着力加强社区照料服务，将其建设成为家庭服务业的重要载体；加强社区照料信息化建设，并统一纳入相应的数据库管理系统；努力建成具有一定规模的专业性及适应能力较强的专业护理员队伍；完善病患陪护服务质量管理体系，加强监督和检查；开拓家庭理财、健康理疗等中高端家政市场，培育新的经济增长点。同时，每年对 2000 名家庭服务业从业人员进行职业技能培训鉴定，力争实现家庭服务业职业技能培训全覆盖，计划培训 1.5 万人。同时，每年为 100 名有创业愿望的人员提供相应的创业培训，形成家政服务、信息咨询、自助缴费、电子商务一体化的便民服务网络，覆盖全省 200 万户家庭。

4. 目前的困境

虽然福州树人已经获得了较为长足的发展，但在创新活动中依然还是存在一些困难，需要在未来加以解决。

（1）推行员工制困难重重。虽然国家有关部门已经出台了相关政策，对推行员工制的家政企业给予 3 年社保 50%的补助，但该项政策尚未落实到福州，并且企业操作的积极性仍受限。按照现行法律法规规定，员工制企业必须由公司给员工发放工资、帮助员工购买基本社会保险、承担员工在客户处发生的一切损失等。按这些要求，家庭服务企业每人每年的成本将大幅增加，这也会导致企业一时难以承受。受各方面条件制约，从招工、培训到就业一条龙服务的家庭服务公司也很难得到相关政策扶持。家庭服务业如果一直停留于中介制，势必挫伤那些想规范行业发展的家庭服务企业的积极性。特别是由于恶性竞争，员工制企业花代价培训出的员工容易流失，给企业造成损失。因而，关于如何在企业内部推行员工制是福州树人希望解决但暂时又无法完全解决的问题。

（2）家庭服务体系建设落实难度较大。虽然国家商务部、财政部已经开始推动家庭服务体系建设，但在家庭服务企业的实际运营中还是存在一定的困难。家庭服务企业的信息化建设投入较大，单独依靠企业自身难以实现，无论是企业拥有的资源还是社会网络等，都存在缺乏状态。更需要在国家层面来加强投入，指导家庭服务企业正确运用电子商务、信息技术等推动发展；帮助企业嵌入有关服务平台，如社区网和劳动力相关的网站等，更方便市民信息获取和服务对接，从而推动家庭服务企业的创新发展。

（二）福州中青家政服务有限公司

1. 企业基本情况

福州中青家政服务有限公司（以下简称福州中青）正式成立于 2002 年 4 月，是华夏中青家政（全称为北京华夏中青家政服务有限公司）的连锁企业。2003 年 9 月，公司成立金山中青家政分公司，承接金山碧水一期万嘉利物业保洁工程，促使公司从家庭服务向物业、托管扩张等方向拓展，至今已经承接数十多个物业保洁工程。为了培养人才，实现持续发展，福州中青于2010年先后和福建华南女子学院、山东中医药高等专业学校进行校企合作，共同打造“生活科学系”实训基地。2010年，福州中青开始将家政未来高科技项目——云计算引进社区，使家政行业跟上了高科技的步伐。

在创业之初，福州中青办公面积仅110平方米，员工9名，主营保姆、月嫂、钟点工等有限的业务。经过发展，目前福州中青已经具有较大的突破，公司总部设在福建福州市台江区苍霞新城，总部办公面积近2000平方米，拥有专业培训基地4000平方米，管理人员62名，普通员工1562名，管理人员中高中及以上学历占98%。其中，大专以上学历占78%，本科以上学历占10%。福州中青在组织结构上，设综合办、培训部、中青大厨房、网络部、健康中心等十大部门及19家直营连锁门店、1家子公司（朗宁教育有限公司）、3家分公司（保洁工程分公司、平潭分公司、鼓楼第一分公司），服务网点51个的规模。

在以“服务创造、家家幸福”为经营理念的指导下，福州中青开始推动持续创新工作，并设定了“五心、三力、两工程”的服务模式。围绕着社区服务，开始在服务项目上进行创新，主要经营项目以生活家政（保姆、月嫂、钟点工、护工）、中青大厨房项目、社区服务中心、家政服务工程（家政服务员培训、月嫂培训）、家庭教育（少儿英语培训、托管、育婴早教）、工程保洁（道路保洁、家庭保洁、物业保洁）、休闲家政（北峰度假山庄）、保健家政（健康经络调理）、法律事务咨询为主体。目前公司正在从保姆、月嫂、钟点工的生活家政向多元化发展，每年最大劳务安置容量达2000人次，10年来累计安置就业20000人次，为30000多户家庭提供保姆、月嫂、钟点工、保洁等家政服务。2011年获得国家商务部“家政龙头企业”称号。2011年、2012年、2015年连续三次获得“全国家庭服务业百强企业”称号。

2. 企业创新的重点内容

随着人们对社区化生活需求的不断提高，福州中青的业务也在持续更新，既有满足生活基本需求的保姆、月嫂、钟点工服务，又有满足青少年教育的少儿英语、作文辅导、托管等服务，还能提供养老服务。在企业商业模式创新上，福州中青逐渐清晰自身的核心竞争力，即以创造家家幸福为宗旨，以社区为切入点，配合网络平台，建立社区中青服务中心（站），从而最大幅度、最大限度、最快速度便捷地满足市场需求，全方位地为所属社区推广便捷、贴心服务。

（1）延伸价值链。社区化服务提供是福州中青的立足点，围绕这个基准，福州中青开始寻求突破，实现服务价值链延伸，尽可能挖掘潜在的市场机会。在价值链延伸上，福州中青挖掘出了两个比较有特色的项目：朗宁教育和中青大厨房。朗宁教育成立于 2007 年，是福州中青家政旗下的一个子公司。从 2011 年开始，朗宁教育开始创造出一个家庭教育管家模式之路，主要是根据家庭生活中少儿教育的需求来展开，通过为少儿提供教育辅导、联合办学等形式做好家庭之外场所，又基于社区服务的价值增值工作。截至 2012 年，朗宁教育已经从 1 家旗舰店增加到 8 家样板店，形成了可复制的盈利模式，并且逐渐拓展到厦门、泉州等地。

中青大厨房也是福州中青目前推动价值链延伸的创新主体项目之一，目前已经逐步成为中青家政的增值业务项目。该项目围绕社区化配套服务的思想，通过嫁接商业物流业的发展思路来进行整合，从而形成自身的价值创造能力。中青大厨房建在福建比较集中的社区内，通过为社区提供家庭服务而收集社区生活信息以实现集团化规模采购，不仅降低采购成本，而且还有效地提高了社区的生活质量。自 2012 年 3 月开始试运营，中青大厨房每月销售大米达 15 吨（不含食用油、副食品等商品）。2012 年 11 月，中青大厨房正式开始运营，逐步覆盖到福州中青家政的所有门店。通过近几年的运作，中青大厨房逐步探索出一套成熟的运营模式，也即将成为福州中青的重要盈利增长点。

（2）推行标准化。在前期的发展中，福州中青已经清晰地认识到在服务规范化运作中标准化的重要性。尤其是作为中国家庭服务业“百强”企业，福建省家庭服务业的龙头企业，如果能主动制定行业规范、标准，可以影响到其他家政企业，从中型企业到小型企业，让家庭服务业进入良性的运营状态。这不仅能更好地为客户提供优质服务，还能从根本上解决就业问题。

在服务创新中，福州中青立足于标准化的制定和运用，开始推动标准化管理工作。2011 年 11 月，福州中青引进了“中国式标准化”课程，把传统的人文及伦理文化和西式标准化管理理念进行有效的结合，形成了中国式的标准化管理模式和管理理念，现在正致力于制定国内领先的家庭服务系统标准。在标准化课程指导下，福州中青对各部门、各员工设立统一的目标、统一的服务标准，包括服务人员等级标准、服务基本规范、福州市政府指导价等。并根据法律法规要求制定各类规章制度，包括客服呼叫中心职责、党支部、团支部职责、公会职责、家政岗位职责、维权服务部职责、综合办岗位职责、财务部岗位职责、培训部职责、业务部职责、中青大厨房职责、朗宁教育公司职责等。新员工一律按国家劳动部门规定的等级标准考核，并持证上岗，同时签订岗位目标责任书，享受社会保险、生日费、年终奖、年假等福利待遇，对员工流动性比较大的部门，以年积分方式奖励。通过标准化工作，服务质量有了很大的提高，赢得了用户的好评。

（3）建设网络平台。现在的社区已经步入网络化，社区中的高端居民通过网络就能购买到生活所需的月嫂、保姆、钟点工、空调清洗、开锁、疏通管道等生活家政服务，大米、粮油、蔬菜、副食品等家庭物流配送服务，视频英语教育、作文教育、育婴等教育家政服务，以及老年人陪护、婴幼儿托管等。福州中青认识到网络平台运行对企业的未来发展起着重要作用，并通过打造网络服务平台和网站建设，以及随时呼的通信来进一步便利社区服务。福州中青的信息网络平台系统是目前福州地区家政公司涵盖面最广、功能最全、项目最多、服务最迅速的信息化管理系统。该系统正在借助企业导入“中国式标准化课程”的特色管理理念，进行升级与完善之中，将力争改造成为适合家庭服务企业普遍适用的管理系统。

从企业内部管理来说，推动信息化管理不仅可以节约运营成本，而且还能够提高工作效率。为了实现人员的有效管理，福州中青开始借助“网络+通信”的手段。从 2010 年开始，福州中青重视企业网络化和信息化管理工作，先后投入 100 多万元构建了能覆盖公司业务的“具有计算机云概念的”网络服务家政业务的支撑系统，该系统具有六大功能，包括：定制了一套对外可提供各项家政专业服务的软件管理系统；各门店、办公场所都配备有计算机、电话、传真、打印机和复印机等设备，开通了具有可互通互联的企业内部信息管理系统（OA）；建设了一个中青网络购物商场；建设了企业网站，及专人维护队伍；设立了400个便民家政呼叫中心，专门处理客户需求、问题即时解答和订单业务，通过OA、QQ等方式与就近的门店联系，将客户基本信息、需求等方式及时发送，以最快的速度与客户形成对接。

3. 未来发展战略

福州中青为了实现继续拓展，将未来的企业创新发展目标定位为：推动区域拓展，强化人才培养，实行多元化发展和整合社会资源。

（1）区域拓展。目前经营连锁门店已从原来的1家发展至22家，面积从原来的100多平方米发展至现在的2万多平方米，拥有自己独立的培训基地和实操室。对于未来的发展，福州中青还会考虑通过连锁经营，逐渐将覆盖面拓展到省内的各市、县等区域。

（2）人才培养。福州中青注重管理人才的培训，目前持“家政师”证书管理人员有30多名，是全省唯一持家政师资格证书的单位。2009年，全省有29家承担福建省四部委家政工程培训任务，公司是唯一一家以家政企业入选并以第一名的成绩通过家政工程验收。优良的培训课程为社会输送了几千名家政服务员，及提供再就业机会。今后，福州中青还会进一步强化服务教育培训工作，通过服务培训基地建设来进一步完善服务链条。

（3）多元化发展。福州中青已经成功从传统的生活家政迈向多元化经营，以保姆、月嫂、钟点工为主的家务家政，向工程保洁、休闲家政、保健家政、教育家政、商务家政、涉外家政、家庭商品配送等形式转换。

（4）整合社会资源。目前，福州中青已经开始与相关学校合作来共同打造实习基地。今后，福州中青还会进一步增强对外合作的强度，通过强强联手，资源互补，有效提升企业的核心竞争力而达到共赢的效果。例如，通过与商业物流企业合作，以提供大米、粮油、蔬菜、副食品等家庭物流配送服务。

4. 目前的困境

虽然福州中青已经是全国家庭服务业的“百强”企业，也是福建省内较为成熟和完善的综合性家庭服务企业之一，但随着企业的日益发展，还存在一些问题影响了企业的未来创新发展。

（1）规范化管理。目前，家庭服务业从业人员服务水平不高、技能较低是行业内普遍存在的问题。为了推动人才培养工作，福州中青开始采用员工制管理模式，并响应政府要求开办了“家政服务工程”来规范其行为、提高其职业素质和技能。然而由于缺乏一定的奖励机制和规范机制，导致了从业人员的流失严重、恶意竞价等问题，而使员工制无法真正落到实处。在规范化管理中，为从业人员缴纳保险是家庭服务企业普遍遇到的难题，主要是由于行业内人员流动性强，且处理农民工的社保、医保问题都需要专门的人员。现实情况是从业人员不希望付钱，由于缴纳年限不足，后续的年限需要自己付钱。这导致企业的当前负担太重，不愿意缴纳。如何贯彻国家的政策和措施，推动规范化管理是企业在未来发展中希望实现的。

（2）行业准入标准。虽然国务院办公厅印发了《关于发展家庭服务业的指导意见》等一系列的文件政策，对家庭服务企业提供了大幅度的政策支持和资金补贴，但却放宽了家庭服务业的进入门槛。国家的扶持和政策的带动不仅没有使家政如预期般向朝阳发展而更使大众对家政有了偏见，同时在无形中影响了家政企业的发展，导致不合格的家庭服务企业充斥整个市场。由于行业准入门槛较低，使企业不得不面对大量的低价格、低质量竞争，给企业的未来发展造成了障碍。企业希望在国家层面建立一个准入标准和行业监督机制，制定行业规则、树立行业标杆、规范市场秩序提供优质服务以更好地满足社会需求，同时也使政府颁布的各项政策落到实处，关注民生、贴近生活，得到民众广泛认可。

（三）福州雪品保洁服务有限公司

1. 企业基本情况

福州雪品保洁服务有限公司（以下简称雪品公司）是经福州市工商部门

注册，民政部门批准，成立于 2001 年的一家专业家政清洁服务公司，现注册资金 1080 万元。公司现设四大事业部，19 个部门，拥有 13 大类服务项目，数几十余项，增设了绿化养护、修剪、搬运清运、灭四害、企事业单位保洁（为海峡会展中心、大型购物商超提供服务）、废品回收以及能为五星级以上的酒店大堂做石材翻新、外墙清洗、清洗中央管道；胎教、婴幼儿保育教育、婴幼儿抚触、家政员培训等。

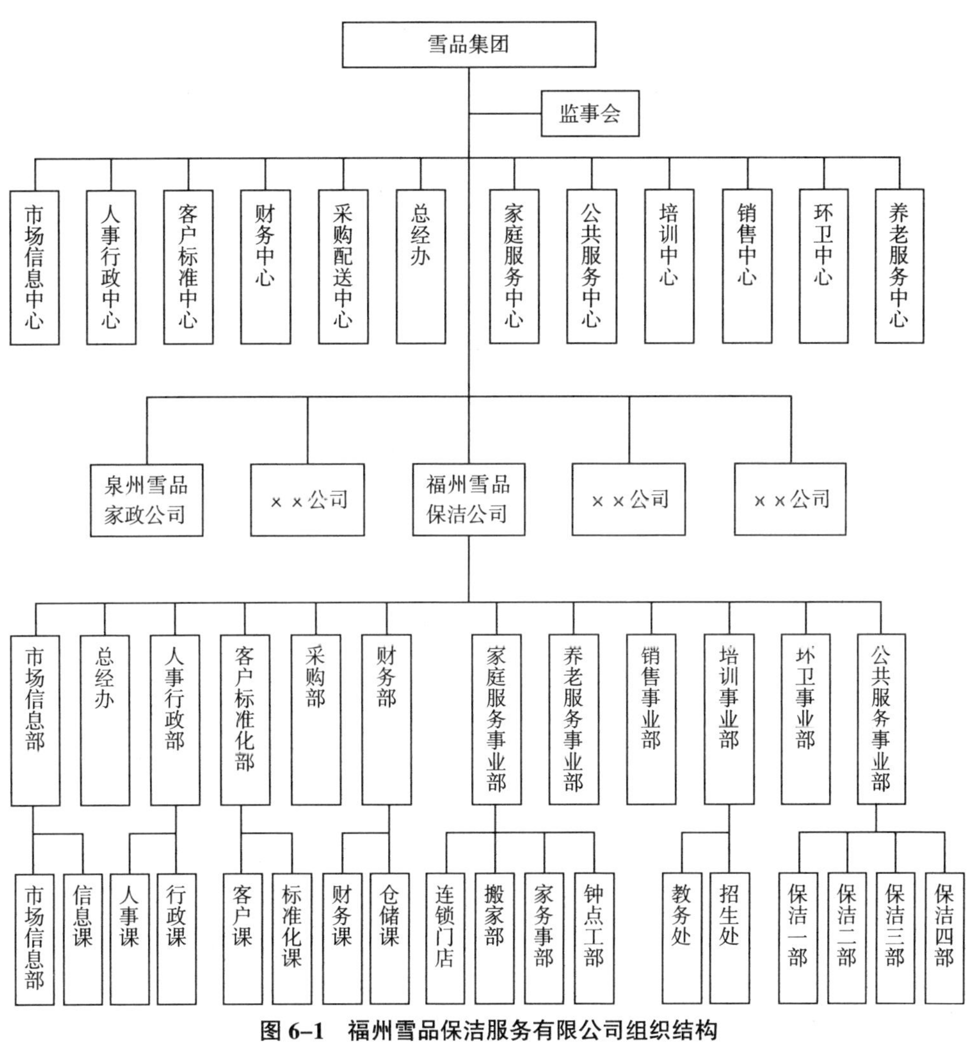

图 6-1 福州雪品保洁服务有限公司组织结构

随着业务的不断扩大，雪品公司的经营规模和项目也不断增加，现在已经成为拥有 1000 多人在册员工（员工制），3000 名保姆、月嫂、钟点工（中介式）相结合的大型综合性服务公司。2008~2011 年公司分别在厦门、泉州、南平、三明、宁德、福清、莆田、长乐、建瓯等多个地级县市设有分支机构和办事处，提供相关家政、钟点、保洁、废品回收等配套服务，拥有服务网点 138 个，其中家政连锁门店 20 家。同时，公司还与当地劳动部门联系，合作培训了大批农民和下岗工人，帮助城市下岗工人特别是“40”、“50”人员、无业人员和农村失地农民 30000 余人实现了重新就业。2010~2011 年公司按照《财政部、商务部关于组织申报家政服务体系建设项目等有关问题的通知》（财办建〔2010〕62 号）的要求，在 2011 年 7 月底将“家政服务体系”龙头企业建设项目完成。现已初步实现规模化、专业化、品牌化发展。2011 年、2012 年和 2015 年连续三次被授予“全国家庭服务业百强企业”称号。

2. 企业创新的重点内容

（1）完善制度体系。为了树立公司形象，加强和规范企业管理行为，雪品公司一直比较注重制度化、流程化和规范化建设，并根据企业发展战略需求、经营目标及实际工作需要，遵循系统性、多样化和效益性原则，健全和完善各项工作制度。在日常管理中，基于效率原则、满意原则进行技术资源、市场资源和人才资源的整合，先后建立了比较完善的《采购管理程序》《人员招聘管理程序》《人员上岗培训管理程序》《财务风险管理程序》《财务报销制度》《收费标准》《客户投诉流程》《家政员上岗流程》《客户签单流程及注意事项》《风险防控制度》等管理制度。

为了发挥全体员工的积极性、创造性，提高全体员工的技术、管理、经营水平，雪品公司不断完善公司的经营、管理体系，实行多种形式的责任制来壮大公司实力，提高经济效益。在具体运营中，通过建立和完善培训管理制度，把相关工作制度化，保证工作任务目标得到真正落实。例如，推行岗位责任制，实行考勤，考核制度，评先树优制度。使新进员工尽快了解公司的管理规章制度、经营的产品、企业的整体远景及岗位工作特点，使之自觉遵守公司各项规章制度。

（2）制定企业标准。雪品公司投入了十几万元导入家政系统的 ISO 9001 及 OSH 180001 体系建设，这也是家政连锁行业中较早通过 ISO 9001 质量体系认证为数不多的企业。目前，雪品公司已经制定了公司一级文件目标管理、二级文件、三级文件各项服务的具体标准，包括操作规范、行为规范、收费标准等。在雪品公司的四大事业部 19 个部门中，公司均针对不同的服务部门及工种具体在服务过程中的每一步骤、应该如何进行操作，应用什么工具、材料、设施设备、药剂等，怎样用、多少比例和服务过程中的技术都进行了规定。例如，清洁事业部中有《家具清洁打蜡抛光规范》《厨房清洁规范》《卫生间清洁规范》等。同样，员工在服务过程中的言谈举止、注意事项也有一定的规范，如《雪品员工手册》《紧急处理流程》等。通过这些标准的制定，进一步规范了员工的服务行为水准，也便于公司对员工进行考核、监督、检查。

（3）塑造企业文化。员工是企业的基石，雪品公司也非常重视员工的发展及从业人员的服务意识培训，并为了提升服务质量配套建立了培训实操室。目前，公司已培训了 700 多人，相继申请了劳动技能鉴定培训，有 500 多人持证上岗。为了提升企业竞争力，雪品公司也重视精神层面的提升，每年都举行“保姆文化节”“中秋一家亲”“雪品夏令营，欢乐在进行”“爱与感恩雪品十年行庆典”等一系列活动。通过文化塑造让员工有家的感觉，凝聚了团队的氛围，为企业持续发展奠定了坚实的基础。

（4）发展连锁加盟。目前，雪品公司已经在整个福建省（福州、厦门、泉州、三明、莆田）建立直营布点、多元化的经营模式，以标准化连锁网络布局为导向，以高端社区旗舰店为示范标准，实现“一站式”服务。为了让企业有统一管理、统一设计的商标和形象标识，雪品公司于 2008 年请专业公司做了一套 VI 设计，使雪品公司有了统一的服装、商标、字号等，并于 2012 年申请了福建省著名商标。在雪品公司的连锁加盟发展模式中，主要是在以福州为中心向省内周边发展，拓展连锁门店网点的布局，并在厦门、漳州、泉州、南平、三明、宁德、长乐、建瓯等多个市（县）区提供家政、钟点、保洁、废品回收等配套服务，拥有直营服务网点 138 个，其中家政连锁门店 20 家。于 2012 年开始面向全国接受加盟服务商，目前已收到初步成效。

3. 未来战略发展

雪品公司在初期发展中就明确提出，以市场为导向、以产品和销售为龙头、以品牌和服务为支撑、以技术研发为基础，将家庭服务业内的经营范围进行分类归纳、突出重点，经营项目锁定在保洁服务上，实现三步走策略：①做精做专：锁定家务事清洁、钟点工保洁，成为福州市保洁领域（单位或家庭）技术最强、有标准化、流程化操作。②做大做强：做强公共服务事业部、做大家政连锁门店拓展、增加养老服务，全省范围内直营布点。③树立品牌/上市：全国范围布点、推广品牌、形成集团化模块管控。目前，雪品公司希望在以下两个方面做出特色：

（1）深入社区一站式服务。直接与社区形成联盟商户，直接服务社区市民（疏通下水管道、钟点工、清洗油烟机、清洗沙发、水晶灯、空调、洗衣机、搬家、保姆、月嫂、护老）等一站式服务，力争每月服务市民 5000 户。

（2）铁三角金字塔运作模式。以家务事、钟点工等主营为依托，加强社区养老与公共服务事业部的市场占有率，确保公司运作。

4. 目前的困境

（1）员工社会保障问题突出。因为家庭服务业存在员工流动、不稳定等特殊性，现在雪品公司采用的是医保、社保投保及商业保险相结合的方式。公司现有参加社会保险的有几十人，参加商业保险（意外伤害险）的人约有 1000 多人。然而公司运作成本大，无法为农民工提供社保、医保等保障性福利，造成从业人员流动流失。特别是面对招工难的困境，更给企业造成了较大的发展瓶颈。

（2）人才吸引和培养问题突出。虽然雪品公司具有专业的培训师资队伍，但培训工作的实施仍是困难重重。由于农民工普遍文化普及不够，小学文化程度员工占 40%以上，导致培训过程中一般是以口述、实操、案例引导等进行。如何开发出适合农民工的培训课程，是目前雪品公司在人才培养上遇到的难题之一。此外，从提升从业者水平来说，除了普通员工外，也需要考虑将培训师、经理人、企业主都纳入培训体系中，不断提高整个行业的水平。

(四) 福州正忠信家政服务有限公司

1. 企业基本情况

福州正忠信家政服务有限公司（以下简称正忠信公司）成立于2001年。2009年，在省市民政部门和老龄办的大力支持下，正式成立了金太阳老年综合服务中心。经过十几年的努力，由最初以家政服务为主的单一服务模式发展到现在集应急呼叫服务、社区，居家养老服务、机构养老（鸿儒老年乐园）服务、老人医疗服务（慈爱门诊部）、家政服务（正忠信家政公司）、家政职业技能培训等一系列完整的养老产业链。目前，公司现有各类员工近500人，志愿者服务队伍900多人。公司员工分为三个层面，以职业经理人为主体的管理团队、以专业人才为主体的顾问团队约30人；以刚退休的社区主任、书记为主体，以“40、50”下岗工人为骨干的社区居家养老服务队伍；以农民工为主体，部分下岗工人为辅助的服务人员，养老机构护工等。此外，还有一支稳定的志愿者服务队伍，现有在册志愿者921位。其中医务人员与心理咨询志愿者79位，律师志愿者63位，其他志愿者779位。

2. 企业创新的重点内容

(1) 品牌化。如何在福州立足并发展壮大，是正忠信公司在成立之初就认真思考的问题。正忠信家政公司成立时，明确了品牌立业、特色服务、科技创新的发展思路。在经营策略上，推行员工制发展，不搞中介服务，公司发展到一定规模后在福州成立了首家家政员工工会，在业主与员工之间平衡关心，在做好家政服务的同时维护员工的正当权益，并为员工创造良好的生活环境。在家政业竞争激烈的情况下，适时成立正忠信家政职业技能培训中心，培养提高员工的业务水平和个人素质，采取实习与工作相结合的办法从华南女子职业学院家政班补充优秀学员进家政公司，做到“人无我有，人有我优”。

(2) 信息化。随着信息化时代的到来，正忠信公司与中国电信福州分公司合作，利用现代科技，即时开通了“968885”老人应急救助热线。在省市区三级政府的大力支持下，以福州市鼓楼区为突破点，借助于政府在社区建立的服务站点，使正忠信公司的服务进入每一个社区。结合运营中出现的问题，不断完善应急呼叫服务平台，在“一拨通”的基础上，与中国电信、福建邮科公司合作，为70岁以上老人赠送天翼老人机，增加了GPS定位，并与社区服务站、慈爱门诊部、社区卫生服务中心、“110”、“120”、“119”联动，多方搭建老人服务平台，为老人提供无偿、抵偿、有偿的贴心服务，共同打造全国最先进的居家养老服务网络系统。

（3）完善产业链。完善的产业链是金太阳养老服务的一大亮点，正忠信公司的发展过程中一直注重业务间协同，适时地成立慈爱门诊部，投资收购鸿儒老年乐园，完善了养老服务产业链。正忠信公司的服务种类分为四大模块：一是应急呼叫中心与社区服务，通过“968885”应急呼叫平台，让老人“一呼百应”，为社区老人提供即时的专业服务；二是专业家政服务，实行员工制管理，长期居住与钟点工派遣相结合，为需要家政服务的家庭提供优质的一条龙服务，工种涵盖月嫂、保姆、钟点工、水电维修、送餐购物等系列服务；三是慈爱门诊部，作为省市医保定点单位，为社区居民提供全方位的医疗保障服务，与应急呼叫中心配合，送医送药上门，在居民老人发生重大疾病后在“120”到达之前，利用社区服务站15分钟到达的优势，及时简单处理，确保生命安全，同时为金太阳养老机构提供应急医疗服务；四是养老机构，鸿儒老年乐园是全国首家专业招收生活能自理的、学有所长的老年知识分子、老艺人、老能人为主的老年服务机构，为探索“老有所养、老有所依、老有所教、老有所学、老有所为、老有所乐”的新模式创造先行先试经验。这四块业务之间已经初步形成了整合，开始打造一体化产业链。

3. 未来发展战略

经过十几年的努力，正忠信公司走出了一条特色养老的服务产业之路，创建了“没有围墙的养老院”福建模式，即省政府出台政策，资源协调，财政补贴；市政府落实政策，资源对接，购买服务；区政府人才输送，加大购买服务力度、居家养老服务站点对接，正忠信公司搭建平台，福州电信技术支持，居家为基础、社区为依托、机构为补充的养老服务模式。在未来，正忠信公司将进一步完善提升应急呼叫中心，同社区的信息化、数字化、智能化平台对接，打造全新的金太阳智能化养老服务平台。5 年之内，在现有基础上扩大建设社区服务站 300 个，力争覆盖福州全市区，并争取将“一站式”养老服务模式向全省乃至全国推广发展，建成完整的养老服务产业链条。

4. 目前的困境

中国已逐步进入老龄化社会，老年事业任重道远，面临的问题错综复杂，需要政府、社会各界人士的共同努力，才能推动养老事业。在正忠信公司的发展中也存在一些困难，给企业发展造成了阻碍。首先，民营企业在从事养老事业时，还存在偏见。有些政府部门还有一些顾虑，不支持民营企业发展；有些部门还沿袭了过去的传统做法，对公办、民办养老机构不能平等对待。政府部门对上级拨给的民营养老机构补充款项不能及时到位，且补充经费少。发展老年事业完全靠政府部门是不现实的，还需要民营企业家介入其中，但政府部门的政策扶持力度要加大。其次，各省市对待民营养老机构的支持力度差异较大，有的省市每年补助养老机构老人床位费 2 万元，有的只有 100 元。企业退休人员的工资 1000 多元，而养老院的入住费用 2000 元左右，无法满足部分老人的需求。最后，养老机构良莠不齐，服务质量难以保证，服务人员水平普遍较低。由于观念问题，年轻人不愿从事护理工作，中年人从事护理工作专业知识不高，需要加大宣传力度和更新观念。

四、源于案例研究的认识

创新相对来说是一个比较大的概念，既包含在原有基础上较大的突破，也包含彻底的变革活动。关于创新活动的认识，需要结合到具体的产业、企业展开。从产业层面看，创新更多的是根据整体环境的变化进行商业模式的创新，有利于整合家庭服务业的供求能力，提升服务质量，并培养出富有竞争力的大企业。例如，通过不同产业环节的业务重新组合，形成新的竞争优势，控制产业链、价值链，实现更高价值。然而，家庭服务业创新发展的根本在于作为产业组成单元的企业必须具有市场竞争力，而只有创新才能使企业具有竞争优势。尤其是在市场转型条件下，家庭服务企业需要以市场化的发展理念引导战略突破，进而推动商业模式的变革，延伸产业链条，提高业务附加价值，打造具有较强竞争力的品牌企业，才能促进家庭服务业的持续、健康发展，并获取持续的盈利能力。

在实地调研和访谈中，我们主要选择家庭服务业中比较典型的业务项目来展开。在对样本的选择中，也是围绕着一个特定的区域来展开认识，因为这样可以了解到在一个具有共性的政策环境、市场环境和产业环境中，作为独立的家庭服务企业如何基于自身的活动开展创新，形成企业独特的竞争优势。事实也证明，这些家庭服务企业的确是比较有特色的。例如，福州树人的幼儿托管，福州中青的社区服务，雪品公司的保洁服务和正忠信公司的家庭养老。这些家庭服务企业在日常运行中围绕着家庭服务寻求差异化的市场机会，使得企业各具特色，并取得了创业成功，基本上已经进入全国“百强”家庭服务企业。

表 6-1 案例比较综合分析

	福州树人	福州中青	雪品公司	正忠信公司
制度体系	√		√	
企业文化	√		√	
信息平台	√	√	√	√
人才培养	√			
企业标准		√	√	
企业品牌			√	√
价值链延伸	√	√		√

基于对上述四家企业的独立剖析，可以对所有企业的共同创新因素进行综合分析（见表 6-1）。可以看到，虽然四家家庭服务企业在发展中，各具特色，但在一些方面还具有一定的共同点。例如，所有的企业都强调信息技术平台对企业发展的重要性，并开始构建企业信息化体系；虽然所有的企业也都强调人才培养的重要性，但只有福州树人在努力推动人才队伍建设。虽然

福州中青、雪品公司都开始进行企业制度体系的制定和完善，但就企业整体而言，服务标准化也属于企业管理制度建设的一个重要组成部分，因而可以归为一类，即管理制度创新。同样，文化和品牌都是属于企业软实力打造的核心内容，知名的品牌都是依靠优秀的企业文化来支撑的，为此，也可以将企业文化归纳到企业品牌的范畴中。综上所述，可以看到家庭服务企业的创新之处主要表现为塑造企业品牌、完善管理制度、挖掘价值增值和建设信息平台。

1. 塑造企业品牌

品牌是推动家庭服务企业实现有机发展的重要手段之一。现在很多地方也开始着力培育一批示范性强的品牌企业，使之成为带动行业规范化发展的重要推动力。有些地方也开始依托政府部门和行业协会，从区域层面积极推动家庭服务业的品牌化建设。如今家庭服务企业知名品牌不断涌现，一些区域也通过结合区域特点，选择一批管理规范、运作良好、示范性强的服务企业进行重点培育，运用市场机制和政策手段，整合企业资源，引导企业规模化发展，使其成为城市家庭服务体系中覆盖面广、保障能力强、可持续发展的品牌企业。据统计，目前家庭服务企业知名品牌不断增加，并带动了一大批企业申请登记注册，争创知名品牌。品牌创建活动还极大地提高了“千户百强”家庭服务企业的社会认可度，让消费者切实感到安全、放心、满意。例如，以福州树人、雪品公司为代表的百强企业已经开始通过商标注册等工作来推动品牌化战略。

家庭服务企业要发展，就必须牢固树立品牌意识，以此在激烈的市场竞争中取得良好信誉，赢得较高的社会知名度和较大的社会影响力。例如，选准差异化经营的方向。扩大企业的知名度，坚持连锁经营理念，提高企业的专业化和规模化水平。因此，规模化发展是企业品牌拓展的有效方式。特别是对于家庭服务业来说，在现阶段家庭服务业的发展中，大部分企业已经完成了创业初期的发展，开始实行“跑马圈地”的规模化发展阶段。在规模化中，可以看到这些百强企业虽然拥有一些直营网点，但在市场扩张上还是选择了连锁加盟形式实现，如何吸引这些连锁加盟店，其核心则是树立企业品牌。通过品牌的区域扩展而实行规模化可以在扩大经营规模的基础上降低平均成本，从而提高利润水平。

如今“小作坊”式的家庭服务中介机构已经不符合当今行业发展的潮流，也必将随着市场经济的发展而衰退，取而代之的是有品牌的家庭服务业公司。有条件的大型家庭服务业企业，未来的发展方向是实现跨区域经营、全方位服务、连锁式发展。要通过扩大规模、完善服务、开辟新领域，增强企业生命力和竞争力，提升行业盈利水平和集约化程度。现在人力资源和社会保障部的“百强千户”工程的本质也是通过打造有品牌的龙头企业来带动家庭服务业的整体发展。在龙头企业的发展中，一般是通过连锁经营、加盟经营、特许经营的方式整合社会资源、服务资源，扩大服务规模、增加服务网点和建立服务网络。以福州树人、福建家服、上海爱君、大连好月嫂等为代表的百强家庭服务企业都是通过连锁、加盟的形式开设企业品牌连锁店，将企业做大做强，实现区域扩张。

2. 完善管理制度

创新的一个重要表现是转变企业经营方式，改变传统的组织结构与生产方式，建立现代企业制度，实现企业规范化运作。在以往发展中，很多企业基础管理薄弱，导致管理方面长期存在的一些突出问题得不到有效解决，已经成为严重制约企业科学健康发展的关键瓶颈。制度化的管理机制是保障企业实现持续创新的根本，现在大部分家庭服务业企业已经开始按照《公司法》的要求进行规范化运营，建立了产权清晰、权责明确、政企分开、管理科学的现代企业制度，并规范股权结构，完善法人治理结构。在企业内部实现管理规范化，建立健全企业内部管理机制，制定企业服务标准，采取严格的规章制度和工作流程，保障企业的正常运转。通过这种创新管理，确保管理提升活动成效能体现在实际工作中，从降低成本并逐步深化到经营管理的各个环节上，并以此提高资源利用效率和劳动生产效率，最终降低成本，提高企业综合效益。在实地调研中，我们发现雪品公司、福州树人等公司已经按照正规公司化运作，编写了较为完善的公司制度、规章体系，从而提升内部管理服务水平，提高服务的规范化和标准化，不断深化服务内涵，延伸服务领域。

标准建设是企业管理制度建设的一个重要方面，国外很多国家都将推进标准化作为发展家庭服务业的重要措施。例如，1999 年，英国政府宣布托幼服务的提供者和居家保姆需要遵守“8 岁以下儿童日间照料与托幼的国家标准”。该标准于 2001~2003 年试行，2003 年正式实施。2000 年，英国通过的“照料标准法案 2000”，包括“住家照料的国家最低技术标准”和“护理公司的国家最低标准”两个具体文件，对穿衣等个人照护服务、铺床等家务援助服务和换药等医疗服务都有详细描述。我国也开始加强全国家庭服务行业统一的行业规范和标准化建设，加快制定全国统一的行业管理办法和标准化体系。同时，一些行业协会也开始制定行业标准，出台行业规范性示范合同，家庭服务标准及服务收费标准，制定家庭机构等级标准，推动进一步规范市场，增强透明度，让消费者、家庭服务人员、经营者都成为受益者。在此大环境的影响下，很多家庭企业也开始从企业标准入手进行规范化、流程化服务管理，根据家庭服务业的行业特性来适度推行标准化，增强消费者对行业的信任，进一步提升企业的服务质量和价值。目前，以雪品公司、福州中青为代表的百强企业开始根据服务内容、受众客户等制定企业标准。

3. 挖掘价值增值

家庭服务企业要实现生存就必须创造价值，而在调研中发现，如果完全依靠传统的家庭服务，例如，保洁、保姆等项目则很难实现更大的价值创造。这就要求家庭服务企业必须以理念创新为先导，围绕核心价值主张，打造独特的价值体现，及时研究消费的变化和特点，找出市场运行的规律，创新业种、业态和模式。很多企业开始以家庭服务为核心业务，细分市场，准确定位，扩大经营范围，积极开拓新领域、新项目，创办专营型、多营型和兼营型的各类家庭服务。例如，通过延伸产业链来挖掘更多的市场机会，实现更大的价值增值。这些活动都是在以往的服务业务基础上，增加新的价值观点，开发一些新的业务（主要是三种类型创新服务过程、创新服务产品和创新服务概念），从而通过打造差异化和个性化的服务，大力推进服务创新活动。

很多企业也正在走这种创新模式，例如福州中青公司主要是围绕“社区化”的服务理念进行创新。福州中青认识到当前家庭服务业就业岗位增长的基础在社区，因此整合资源的载体，在社区开始积极推动家庭服务进社区工程建设，并把它作为家庭服务业载体建设的重要抓手。同时，推动整合各类社区资源，健全服务网络，拓宽服务领域，强化服务功能，扩大服务覆盖面，推动社区家庭服务市场化、网络化、社会化发展。其具体项目“中青大食堂”也是为了适应市场经济、贴近居民具体生活、满足居民日常生活需求的家庭服务系统集成。这时的家庭服务企业作为一个经济实体，对社区服务主体、对象、内容、管理、投资全面社会化、产业化。这样就实现了家庭服务业的发展与社区服务建设之间的协调发展，家庭服务业的完善可以促进社区服务建设的发展，社区服务建设的完善反过来又会带动家庭服务业的发展。

同样，福州树人则将业务范围进行了拓展，脱离了社区而选择与家庭服务相关联的幼儿托管。通过在学校布点来承担部分家庭服务的职能，从而以差异化的形式做好服务创新工作。这无论从服务内容的覆盖面还是服务内容的质量要求上，都紧跟时代发展的节奏，并具有一定的前瞻性，同时也满足了各种家庭不同内容、层次的需求。此外，部分企业也开始通过导入家庭服务教育来推动家庭服务业发展，并在其中挖掘价值增值点。例如，福州中青通过建立完善的培训体系，开展对家庭服务从业人员进行全面培训，提高家庭从业人员素质。高水平的培训是对家庭服务企业管理人员进行培训，提高他们的管理水平和管理经验，有利于行业的健康、有序发展。而对家庭服务培训师进行培训，主要是为培训行业提供师资，保证家庭服务培训体系的可持续发展。这不仅培育了简单的劳务型人员，还可以向市场输送知识技能型人员和专家智慧型人员，满足家庭服务的多层次需求。目前，北京中青通过这种培训模式的复制，开始创造出新的赢利点，即通过做好上端产业链，通过连锁加盟推动发展。

4. 建设信息平台

现在的社会已经进入到信息化，如何利用信息化推动企业增长成为创新发展中的一个方向和手段。从国际家庭服务业的发展潮流来看，推动信息化建设已经在一些经济发达国家得到广泛的认同和采用。例如，韩国的信息化家庭服务业市场销售额增长幅度在2006~2010年达到了3倍。信息化社会中家庭服务业要发展，必须占领信息高地，通过构建信息网络的服务平台，挖掘服务需求，汇集服务供给，畅通供需对接的渠道。特别是随着信息化已经城镇化、网络社区化，家庭服务企业应把信息平台变成一个社会网络平台，把企业的社会影响辐射面扩大。例如，加强社区信息化建设，改变社区管理和服务条块分割的状态，利用覆盖整个社区的信息网络整合、开发和利用资源，构建统一的社区信息平台，实现社区服务信息资源的交换和共享，使居民通过多种形式的信息化手段享受全方位、高效、便利的服务。这样就能实现将原来高度分享的服务空隙有机结合起来，并通过服务供应商和服务项目的整合，为用户量身打造出一整套的家庭服务解决方案。这也是形成家庭服务企业核心竞争力的有效措施，同时还有助于将强大的潜在需求，转化为现实的需求。

目前，国家层面也开始推动家庭服务体系建设。然而这种活动不仅要在企业内部开展，还要在产业层面开展，才能在点、线、面的全方位对接，有效整合社会资源，实现整个产业的信息化服务能力提升。作为全国家庭服务业“百强”的秦皇岛光彩集团的信息化建设是比较有特点的，该企业将经营系统分为两大部分：技术系统和服务系统。其中，技术系统体现为呼叫热线，信息化的呼叫平台及呼叫终端，这为服务开展提供了必要的技术支撑，同时也为家庭服务注入了智能化、信息化的元素。其次就是服务系统，服务系统体现为集团为用户提供各类服务所需求的服务主体，服务设施、服务标准和管理制度。技术系统和服务系统的融合，构成了联网联动的服务体系。目前，光彩集团的服务体系，建立了一个全国联网的信息支撑平台，建立了省级的监督中心，市级的服务站，以及遍布全市各个小区的连锁店和配送站，并形成了家庭终端——PF 站。

第七章　研究结论、建议对策和发展重点

家庭服务业作为一种新兴服务业，已经展示了其在国民经济发展中的重要性，在服务民生、拉动消费、吸纳就业中的作用越来越突出。发展家庭服务业不仅是我国经济快速发展和经济结构优化升级客观要求推动的结果，也是基于人民生活水平的不断提高而出现的需求拉动的结果。我国家庭服务业已进入跨越式发展的重要时期，而支撑家庭服务业实现这种发展的重要推动力来自创新，只有家庭服务业不断创新才能提升产业竞争力。在创新活动中不仅需要注意外部市场环境可能带来的现实影响，还要注意体制机制方面的有效突破，以及在产业、企业等不同层面的具体落实，如此才能增强家庭服务业发展方式的转变，并增强产业的持续发展能力，从而最大限度地促进家庭服务业的健康有序发展。

一、研究结论

本书主要是针对家庭服务业的创新活动进行认识和分析，围绕两个内容展开。首先，进行理论研究，主要是梳理研究思路、明确研究框架等。其次，进行实践调研，主要是针对家庭服务企业进行案例分析，了解家庭服务企业的创新发展情况，对重要内容、发展方向和目前困境等进行分析。通过理论结合实践，可以很好地对家庭服务业创新活动进行认识。研究结论如下：

首先，重点探讨了家庭服务业发展的现实条件，回顾了以往的理论研究基础，进一步明确了家庭服务、服务创新等重要概念的界定和内涵。在理论研究中重点分析了当前新时代经济形势下，发展家庭服务业的背景、脉络和动因，重点认识家庭服务业创新活动的基础所在。家庭服务业作为一种新兴的生活性服务业，其产生和发展不仅可以成为国家经济发展和满足社会需求的一种重要经济基础，而且也是符合当前产业结构转型和升级的现实需要，能够创造出更多的就业岗位而实现增加社会就业、稳定社会发展的目的。

其次，通过分析国外典型国家和地区关于家庭服务业发展的相关情况，认识国外家庭服务业发展中的差异，可以帮助企业学习相关国家和地区的先进经验，有助于我国家庭服务业的跨越式发展，而不至于陷入发展陷阱。虽然我国家庭服务业已经形成了 20 多个类目，200 多种服务内容，但依然存在服务内容简单、附加值较低等现实情况，为此需要进一步增强创新来加速产业发展。此外，在发展家庭服务业方面除了要借鉴发达国家的经验以外，还要注重我国的现实条件，例如，我国的城镇化、工业化会带来持续的城市劳动力增长，这要求家庭服务业发展的社会属性是满足社会需求、吸收社会就业和保障社会稳定。

再次，进一步梳理和总结当前家庭服务业的管理机构和政策体系，进而明确各主管部门的职能分工，以及在不同层面各项政策之间的衔接性，为今后的家庭服务业的政策制定提供支持。发展家庭服务业是扩大就业和解决民生问题的重要领域，也是今后经济发展的重点方向和内容。虽然国家层面已经形成了相应的管理机制，但部门间的协调依然存在一些难以解决的现实问题，例如，“谁都能管，谁都管不好”的现实局面，使相关政策制定和衔接存在障碍。为此，今后需要进一步推动体制方面创新、改革和突破，才能更好地形成配合良好的管理机制，促进家庭服务业的快速发展。

最后，分析了家庭服务业的市场运行情况，包括市场结构、行业规范和发展重点等，进一步指明了未来创新的重要内容和方向。虽然“十二五”期间家庭服务业已经有较大的发展成绩，但需要看到，在产业规模、结构等方面依然存在一些现实问题，企业依然需要在连锁和直营两种模式间进行选择及权衡。同样，虽然国家层面重点推行员工制企业，并给予了一些优惠的政策条件，但在现实情况中，由于企业的规模、能力等方面的现实条件，使中介制依然在市场中占据主导地位。此外，“互联网+”时代的到来也给家庭服务业带来了深刻影响，这就要求家庭服务业必须围绕新的时代主题和要求开展创新和变革，其中既有传统家庭服务业的转型升级，也有互联网家庭服务企业的出现，还有家庭服务企业与互联网门户网站的业务合作等多种发展模式。从未来的发展方向看，家庭服务企业要做大做强的一个重要实现途径是向 O2O 模式转变，做到线上和线下的有效衔接而提升企业整体竞争力。

在实践调研中，本书选择了福建省四家具有典型业务代表性的“百强”家庭服务企业。通过对这些家庭服务企业的实地调研，认识了当前家庭服务企业的创新发展情况。同时，通过对相关资料的阅读和与高管的访谈，进一步认识到每家家庭服务企业创新活动的具体内容，如何形成差异化的竞争力和商业模式，以及创新发展中所面临的困境，为今后的国家政策制定、行业规范运作和企业创新方案实施等提供了第一手资料。基于实地调研，可以看到很多家庭服务企业之所以能够在行业中脱颖而出，其关键在于能够高度重视创新，既表现在特定业务模式的选择上，也表现在一些特定管理活动中，从而让企业能够不断地进行自我突破和提升。

二、对策建议

当前的家庭服务业要实现跨越式发展，还需要在一些方面进行创新和突破。本书认为，这种创新活动不同于传统的技术创新、科技研发等，而是一个创新体系的构建和实施，并从不同层面展开，其中，既有国家层面，也有产业层面，还有企业层面，才能最终支撑整个产业持续发展。

（一）国家层面

在新的经济形势下，为了进一步发挥家庭服务业对国民经济和社会发展的拉动作用，特别是更好地发挥其就业覆盖面广、容纳量大的功能，需要在国家层面对家庭服务业发展进行总体指导、调控和规制，才能推动家庭服务业的跨越式发展。

（1）完善联系管理机制，确定部门管理职能。针对目前家庭服务业中的多头管理现象，需要在发展家庭服务业促进就业部际联席会议制度（成员单位包括人力资源社会保障部、发展改革委、民政部、财政部、商务部、全国总工会、全国妇联、共青团中央等）的基础上，进一步完善管理机制，打破部门壁垒，推动机构间协调，形成高效的组织管理机制。同时，还需要在管理机制中，进一步明确各部门的管理职责，避免出现交叉重复管理的问题。在此基础上，推动建立和完善相关法律法规，推动制订发展家庭服务业促进就业的指导意见、中长期规划和重大产业政策等，以及协调处理发展家政服务业促进就业的重大问题。

（2）加大政府财政投入，落实层级管理协调。家庭服务业的发展离不开国家财政的支持，为此各政府部门要充分利用服务业发展的专项资金和引导资金，将家庭服务业作为促进服务业发展的支持重点，进一步加大支持力度。例如，中央和地方用于社会事业和民生工程的资金要将发展家庭服务业纳入扶持范围。同时，各级政府也应做好相关政策落实的配套措施，积极探索家政服务社会保险补贴制度，例如，积极落实员工制家政服务免征营业税的政策规定。在国家、省、市等层次形成具有体系化的扶持政策，努力优化促进家庭服务业跨越式发展的政策环境。

（3）加强服务体系建设，夯实产业发展基础。加快建立健全家庭服务体系既是满足社会需求、扩大服务消费的一项紧迫任务，也是促进社会就业的一项重要举措。在今后的工作中，需要紧紧围绕服务民生、扩大消费、促进就业的宗旨，以满足居民生活服务需求为出发点，以龙头企业为主体，根据各区域经济、产业优势和城市化发展需要，充分整合现有服务资源，研究制订科学的行业发展规划，分级、分批推动家庭服务体系建设，引导家庭服务业规范发展。

（二）产业层面

目前，支撑家庭服务业发展的产业基础已初步形成，然而在行业结构和规范上依然还是存在一些问题，针对这些问题需要推动家庭服务业的多元化、规范化建设，形成协调配套发展的产业结构体系，为行业的未来发展奠定基础。

（1）整合社会资源，实现协同机制。家庭服务业的跨越发展离不开其他行业的支持和协助，例如，信息产业、教育产业等相关行业都会在特定方面为家庭服务业发展提供支持。为此，家庭服务业需要进一步整合社会上可以利用的资源，例如，充分发挥行业协会、研究机构、培训机构、行业协会，以及相关的社会组织的作用，共同推动家庭业形成新的产业价值链环节，推动产业持续升级发展。

（2）强化行业监督，完善行业规范。各级政府需要从管理向治理进行职能转变，利用购买服务等措施扶持发展家庭服务业行业协会。同时，鼓励行业协会通过推动诚信体系建设和倡导实施行规行约，进一步发挥行业自律作用，维护公平竞争的市场秩序和相关各方合法权益，促进行业健康稳定发展。针对行业内存在的经营不规范、服务质量差等问题，需要依照相关的法律、法规来强化行业监督，建立公开、平等、规范的行业准入制度，提高行业准入门槛，用市场机制和政策手段相结合，制订家政服务机构资质规范，加快完善家政服务法规标准体系，逐步建立起统一协调、科学适用、与国际接轨的标准体系，抓好国家标准、行业标准和地方标准的制定、选择和执行，引导行业规范化发展。

（3）政府规制与市场自律相配合。在规范家庭服务业发展上，不仅需要政府承担责任，而且市场也需要通过合理调节建立规范约束机制。政府的主要工作是创造良好的发展环境，具体包括：①通过政策支持引领家庭服务行业发展规范，包括制定行业中长期发展规划、年度计划，落实产业扶持政策，明确家庭服务产业发展的方针、途径和方法；②提供政策咨询，引导家政企业转变经营理念，适应消费需求多样化、个性化的趋势，拓展服务内容，规范服务标准，实现规模化、品牌化发展等；③建立健全监督评价机制，保护市场主体的公平竞争和合法权益，增强家庭服务业发展的内在动力，依法规范家庭服务机构经营行为，严肃查处违法经营行为；④整合社会资源，加大财政扶持力度，培育扶持优秀品牌，在税收减免、社保补贴、开业指导、创业培训、小额担保贷款等方面加大扶持力度，鼓励农民工、就业困难人员、高校毕业生等各类劳动者到家庭服务业就业创业。

同样，家庭服务行业自身也要做好一些相关工作，包括：①正确处理社会性业务和营利性业务之间的关系，在市场利益、公众利益之间保持平衡；②正确处理不同规模企业间的关系，做好集群化、差异化的社会分工，以大企业为龙头来带动中小企业共同发展；③积极稳妥地推进实施集体协商和集体合同制度，逐步提高家庭服务行业工资水平，推动行业内的法治制度的落实和执行。

（三）企业层面

企业创新发展不仅表现在战略层面，而且也表现在制度层面，只有在宏观和微观层面同步做好创新工作，才能推动企业做大做强。

（1）挖掘价值链增值，塑造企业竞争优势。根据以往发展的经验，家庭服务企业需要有意识地用价值链的概念指导企业战略规划，实现从机会驱动到战略驱动的转变，占领价值链的制高点，发掘新的商业机会，创造新的市场需求，孕育新的商业模式，并利用价值链环节的协同来推动公司业务的开拓和发展。同时，遵循市场规律，积极探索具有自身特点的发展思路，制定切合自身实际的发展战略，坚持突出主业，积极推动价值链延伸项目，优化业务结构，推动业务板块之间的协同发展，实现公司规模、效益、速度的协调发展。

（2）完善制度管理体系，提升从业人员素质。制度化是企业持续发展的根本保障。作为市场竞争中的经济主体，必须着眼于企业的长远发展，建立一系列的企业行为规范和规章制度，并使其对员工的行为具有较强的引导和约束作用，并通过有效推进战略领导、机构调整、文化内束、激励约束等措施，为企业健康发展注入强劲动力。特别是家庭服务业作为劳动密集型行业，从业人员的文化水平相对较低，给企业发展造成了阻碍。因此，微观层面的企业经营需要通过制度化管理、标准化服务、连锁化发展、规范化经营，推动企业专业化、规模化和品牌化发展。在组织制度建设方面，积极探索员工制企业发展新途径，进一步完善用人机制，拖动人才队伍建设，采取专业化手段进行人力资源管理，大力培养、吸引和使用好人才，最大限度地调动和激励人才的能动性和创造力，提升企业核心竞争力。

三、实施重点

发展家庭服务业不仅能满足群众日益增长的生活需要，而且对国家经济建设和社会发展也具有极其重要的战略意义，是适应经济新常态和居民消费需求变化的现实选择。从家庭服务业的未来发展看，创新是家庭服务业实现发展方式转变和产业规模扩张的重要支撑。这种“质和量”的全新变革也要求家庭服务业在发展中，通过规范化、标准化、规模化、职业化、社区化和信息化来进一步整合社会资源，延伸产业链条，提升服务质量，增加业务价值，促进整个产业的持续、稳定、快速、健康发展，充分发挥好对稳增长、促就业、惠民生方面的促进作用。

（一）规范化

规范化是行业发展的基本条件和发展动力，一般包括制度和法规、行业标准、企业管理、市场准则等，涉及政府、社会、企业各个层面，涉及生产经营者、消费者和管理者各类人群。家庭服务业作为消费性服务业，具有其特殊性，为此需要通过制定、发布和实施相应的规范、规程和制度等获得最佳秩序和社会效益。规范化是保障家庭服务供给、提高家庭服务质量、促进家庭服务行业健康发展的重要基础性工作，涉及不同的主体，存在产业、企业和个体三个层面上，包括国家法规和市场准则、企业管理制度体系以及从业人员的权利和义务等。只有家庭服务业实现了规范化，才能形成有序的制度体系来规制行业内部关系，推动行业实现跨越式发展。

产业层面的规范化主要是制定家庭服务业法律规章。这也是行业规范管理的基础和保证，也是最有效、最直接的规范化组成部分。在未来的家庭服务业发展中，需要基于法律规章，在政府主管部门指导下，培育和发展统一、开放、竞争、有序的家庭服务市场体系，强化市场监管，整顿家庭服务业市场秩序，进一步规范家庭服务业市场行为，开展市场清理整顿，加强市场日常监管，制定服务资质规范等，为家庭服务企业健康发展提供公平、良好的环境。

企业层面的规范化主要是完善企业制度体系建设。在以往发展中，很多家庭服务企业存在基础管理薄弱，导致管理方面长期存在的一些突出问题得不到有效解决，成为严重制约企业发展的关键瓶颈。规范的制度化管理机制可以推动转变企业经营方式，改变传统的组织结构与生产方式，保障企业持续发展。在企业内部实施管理规范化，需要建立健全企业内部管理机制，制定严格的规章制度、规章体系和工作流程来提升内部管理服务水平，不断深化服务内涵，延伸服务业务领域。例如，服务质量评估、服务质量监控等。

在个体层面的规范化主要是加强劳动管理制度体系建设。通过设定完善的从业人员权利义务管理，建立家庭服务业从业人员以往工作信息共享机制，开展从业人员职业道德教育、家庭服务机构诚信经营教育和家庭守信教育，逐步健全诚信和自律机制，形成供需各方相互信赖、安全可靠的市场环境。同时，切实维护相关人员的合法权益，例如，建立多渠道家庭服务从业人员维权机制，加大劳动监察执法力度，开通劳动争议仲裁“绿色通道”等。

实施规范化的重点是建立开放、公平的市场竞争环境，规制服务企业的经营行为，引导企业学习借鉴先进技术和管理模式，推动家庭服务企业建立健全的现代企业管理制度；在企业内部管理活动中，提高服务的品质和水平，对从业人员的行为、服务流程、纠纷处理等进行规范，强化社会监督机制，公开服务项目和收费标准，明确服务清单和服务要求，完善消费者维权和纠纷解决机制；规范家庭服务三方权利义务关系，推进家庭服务合同管理，督促员工制家庭服务企业与从业人员依法签订劳动合同、依法缴纳社会保险费，加强劳动保障监察执法，切实维护家庭服务从业人员的合法权益。

（二）标准化

标准化是衡量家庭服务业产业成熟与发达程度的重要标志。家庭服务业的标准化在提升服务质量、规范市场秩序、增强企业竞争力、提升产业素质、保障相关者权益、强化行业监督管理、促进产业的转型升级方面发挥着不可替代的重要作用。推行标准化是家庭服务业未来发展的一个重要方向，国外发达国家都将推进标准化作为发展家庭服务业的重要措施。例如，英国就颁布了“8 岁以下儿童日间照料与托幼的国家标准”“住家照料的国家最低技术标准”和“护理公司的国家最低标准”等。从我国目前家庭服务业发展的状况看，还存在家庭服务不规范、服务质量不高、服务水平较低等问题。这些问题存在的核心关键是产业自身条件和行业管理工作基础薄弱、缺乏标准，因此，促进家庭服务业标准化建设成为实现跨越式发展的重要助力和支撑。

目前，国家层面上已经开始加强全国家庭服务行业统一的行业规范和标准化建设，研究制（修）订家庭服务业的各类服务标准，推进服务标准化试点，并逐步扩大标准覆盖范围。例如，加快制定全国统一的行业管理办法和标准化体系等。各地区、行业协会和企业也在积极开展标准化工作，切实抓好家庭服务业国家标准、行业标准和地方标准的贯彻落实，从而以推行服务承诺、服务公约、服务规范来提高服务质量。家庭服务业协会已经开始制定行业标准，先后出台了行业规范性示范合同，家庭服务标准及服务收费标准，制定家庭机构等级标准等。在此大环境的影响下，很多家庭服务企业开始从企业标准入手进行规范化、流程化服务管理，根据家庭服务业的行业特性适度推行标准化，增强消费者对行业的信任，进一步提升企业的服务质量和价值。例如，雪品公司通过导入家政系统的 ISO 9001 及 OSH 180001 体系建设，通过了 ISO 9001 质量体系认证，并制定了公司一级文件目标管理、二级文件、三级文件各项服务的具体标准。同样，以福州中青为代表的百强企业也开始根据服务内容、受众客户等来制定企业标准。

为促进家庭服务业的有序发展，规范家庭服务业的市场秩序，提高家庭服务项目的服务质量，在未来还需要进一步强化和完善家庭服务业标准体系建设，保障家庭服务业尽快实现跨越式发展。并按照自愿性标准体系建设的要求，建立一套从实际出发满足家庭服务业现实发展要求的、以市场为核心的、自愿与强制相结合的、层次明确、脉络清晰、配套协调、科学先进、简便实用、经济高效的标准化体系构架，使之成为评价服务质量、对家庭服务进行规范和管理的技术依据。在具体工作中，可以考虑通过重点抓好家庭服务业国家标准、行业标准、地方标准和企业标准的制订和实施，形成科学的有机整体，使家庭服务业在管理、规范和运营上具备程序化的功能和特征。特别是作为大型龙头企业的“千户百强”企业，更应在这些方面做好表率，在基本标准基础上，建立更高水准和要求的企业特色标准，推动家庭服务向高标准、高质量、高水平发展。

实施标准化的重点是：通过顶层制度设计，按照自愿性标准体系建设的要求，建立一套从实际出发满足家庭服务业现实发展要求的、以市场为核心的、自愿与强制相结合的、层次明确、脉络清晰、配套协调、科学先进、简便实用、经济高效的标准化体系构架；构建国家标准、行业标准、地方标准与企业标准相互配套、相互补充的标准体系，开展实施效果评价和服务行为监督，进一步推动家庭服务标准化工作深入开展，促进家庭服务业整体水平的提高以及转型升级；强化标准实施，鼓励企业实行更高水平的服务标准和规范，加强对标准实施情况的监督检查和跟踪评价，培育一批知名品牌企业，推动家庭服务向高标准、高质量、高水平发展，带动家庭服务行业逐步发展壮大，实现转型升级。

（三）规模化

家庭服务业要实现持续发展，就必须做大做强，其中的核心在于提高行业的规模化水平。规模化是家庭服务业实现拓展发展的有效方式。当产业整体实现规模后，则可以在拉动社会就业的基础上，成为未来服务经济社会的重要支撑。同样，也可以帮助企业在激烈的市场竞争中取得良好信誉，赢得较高的社会知名度和较大的社会影响力，并通过塑造品牌来扩大企业知名度，在一定程度上保证企业获得规模效益，从而降低运营成本。对于家庭服务业来说，在现阶段家庭服务业的发展中，“小作坊”式的家庭服务中介机构已经不符合当今行业发展的潮流，也必将随着市场经济的发展而衰退，取而代之的是规模化的家庭服务业公司。大部分企业完成了创业初期的发展，开始进入“跑马圈地”的规模化发展阶段。有条件的大型家庭服务业企业的未来发展方向是实现跨区域经营、全方位服务、连锁式发展。通过扩大规模、完善服务、开辟新领域，增强企业生命力和竞争力，提升行业盈利水平和集约化程度，在扩大经营规模的基础上降低平均成本，从而提高利润水平。

现在人力资源和社会保障部的“百强千户”工程的本质是通过龙头企业的规模化发展来带动家庭服务业的整体发展。一些地方也在推动家庭服务业规模化发展上制定了相应的政策。例如，青岛市为了扶持家庭服务企业最大最强，拟定对家政服务机构管理规范，设经营场所，缴纳税收，从业人数达到一定标准，为家政服务业示范企业，财政给予最高 4 万元的奖励。在规模化发展中，很多的“百强”采取的是连锁和加盟混合发展模式实现的，例如，通过连锁经营、加盟经营、特许经营的方式整合社会资源、服务资源，扩大服务规模、增加服务网点和建立服务网络。以福州树人、福建家服、上海爱君、大连好月嫂等为代表，很多百强家庭服务企业都是通过连锁、加盟的形式开设企业品牌连锁店，将企业做大做强，实现区域扩张。

当家庭服务业实现了规模化后，其产业内部会在市场机制的作用下实现整合，其中的大型家庭服务企业会逐渐壮大，形成品牌。现在很多地方也通过结合区域特点，选择一批管理规范、运作良好、示范性强的服务企业进行重点培育，运用市场机制和政策手段，整合企业资源，引导企业规模化发展，使其成为城市家庭服务体系中覆盖面广、保障能力强、可持续发展的品牌企业，使之成为带动行业规模化发展的重要推力。目前，相关的国家政策也支持家庭服务企业通过连锁经营、加盟经营、特许经营等方式，整合服务资源、扩大服务规模、增加服务网点、建立服务网络以进一步扩大产业规模。

实施规模化的重点：通过公益性家庭服务信息平台的建设，可以形成多层次、多形式家庭服务体系，并进一步整合社会资源，将原来的高度分享的服务空隙有机结合起来，改变以往各项服务条块分割的状态；提升家庭服务业企业规模化水平，引导企业通过参股、联合、合作等方式进行跨地区整合资源，打造优势产业联盟，健全居民生活服务供需对接、信息咨询等功能；构建以家庭为基础、社区为依托、企业为主体的居民生活服务体系，鼓励家庭服务业企业围绕市场需求来丰富服务内容，在提供零售、餐饮、快递、维修、家政、养老、健康、婴幼儿看护等基本生活服务的基础上，满足个性化、专业化和多样化需求的家庭服务。

（四）职业化

职业化是增强家庭服务从业人员素质，改进服务品质的重要内容，其程度高低往往表现为家庭服务职业道德、职业技能、服务流程、经营管理等方面的高低程度，决定产业是否做大做强和实现持续发展。党的十八大报告指出，“加强职业技能培训，提升劳动者就业创业能力，增强就业稳定性”。其核心思想在于通过加强职业技能培训，提升劳动者就业创业能力，增强就业稳定性。为此，必须结合经济发展方式转变和经济结构优化升级需要，立足于产业发展的特性，健全从业劳动者的职业培训制度，完善有利于劳动者成长成才的引导机制、培养机制、评价机制和激励机制，加大培训投入，大规模开展就业技能培训、岗位技能提升培训和创业培训等各种形式的职业培训，为行业发展提供持续的、合格的、高素质的从业人员。

家庭服务业的职业化发展是源于社会需求的具体表现，随着社会对家庭服务需求的增加，对家庭服务从业人员相关技能的要求也在提高，相应的职业化需求更加突出，即相关的服务人员必须通过专业技能来提供标准、规范的家庭服务，这也是家庭服务业的基本工作要求。家庭服务业的职业化通常涉及从业人员的技能、素质、培训、认同等诸多方面，决定着服务水平和品质。在家庭服务业中，月嫂、育婴师之所以非常抢手，报酬待遇很高，就是因为这种工作岗位职业化要求高，专业程度较高，需要具备丰富的经验。

推动职业化发展的首要前提是转变从业人员的工作态度和思想认识，真正地将家庭服务作为一项职业来对待，形成正确的职业精神和职业心态，而不是将其看作是“主人和奴隶”的角色。同时，在职业化进程中必须注重对从业人员的培训，通过岗位职业培训、在岗技能提升培训、职业发展教育，以及专业教育和培训教材开发等，并借力高等院校、中等职业技术学校、培训机构、培训基地等机构，从专业教育、职业培训、技能鉴定、职业资格、职业发展等方面开展相关的工作，不断提升其专业素质和技能。目前正在形成的家庭服务职业化培训平台也是推动职业化发展的重要基础。通过加强家庭服务业职业培训基础能力建设，可以充分利用和整合现有培训资源，并在中心城市广泛建设家庭服务业从业人员实训基地，为家庭服务从业人员岗前、在岗技能培训创造条件。

此外，大多数家庭服务业处于劳动力市场的低端，从业人员劳动力素质低、职业技能差。在完善培训体系的同时，鼓励中高端人才进入家庭服务业，有利于克服劳动力素质低、职业技能差的负面影响，有利于带动家庭服务业企业家阶层的成长、经济效益的提高和发展方式的转变。在职业化发展中，需要进一步完善家庭服务业培训体系和职业教育体系，建立提高培训质量和鼓励中高端人才进入的长效机制。例如，开展家庭服务职业技能鉴定，研究建立家庭服务职业技能等级制度，建立家庭服务从业人员的职业发展序列和通道。要建立完善职业技能培训与职业技能鉴定相衔接的工作机制。

目前，家庭服务业中的部分企业开始通过导入家庭服务教育推动家庭服务业的职业化发展，并在其中挖掘价值增值点。例如，福州中青就是通过建立完善的培训体系，开展对家庭服务从业人员的全面培训，提高家庭从业人员素质。同时，通过高水平的培训对家庭服务企业管理人员进行培训，主要是提高他们的管理水平和管理经验，以有利于行业的健康、有序发展。对家庭服务业培训师进行培训，可以为行业提供合格师资，保证家庭服务业培训体系的可持续发展。这不仅培育了简单劳务型人员，还向市场输送了知识技能型人员和专家智慧型人员，满足家庭服务多层次需求。目前，福州中青通过这种培训模式的复制，逐渐创造出新的赢利点，即通过做好上端产业链节点来推动产业链各环节的协同、整合发展。

实施职业化的重点是：推行家庭服务职业教育，设立社会急需的家庭服务类专业，设计家庭服务专业课程，扩大招生规模，加快培养家政服务、养老服务等专业人才；按照需求导向、覆盖广泛、形式多样的原则，引导行业组织和家庭服务业企业建立培训制度；提升家庭服务从业人员的职业技能，构建完善家庭服务从业人员从初级工到技师的职业发展通道；制定适应家庭服务特点的劳动用工政策及劳动标准，保障家庭从业人员的劳动报酬、休息休假、劳动条件、社会保险等方面的合法权益。

（五）社区化

党的十八大报告指出，“加强和创新社会管理。加强基层社会管理和服务体系建设，增强城乡社区服务功能”。作为与社区结合最紧密的家庭服务业需要在未来围绕社区化拓展业务。家庭服务业的社区化发展是依靠社区提供的服务需求，利用社区的基础服务设施建设，加快家庭服务业提供的基础设施平台。国家发展和改革委员会也发布了社区服务体系规划，提出以社区为重要依托，重点发展家政服务、养老服务和病患陪护服务等，形成多层次、多形式的家庭服务市场和经营机构。

家庭服务业的社区化发展实现了家庭服务业的发展与社区服务建设之间的协调发展，家庭服务业的完善可以促进社区服务建设的发展，而社区服务建设的完善反过来又会带动家庭服务业的发展。例如，推动家庭服务机构与医疗服务机构、社区管理和服务机构等加强合作，增强可持续发展的能力；通过实施社区服务体系建设工程，统筹社区内家庭服务业发展。根据各类服务特点，将洗染、废旧物质回收利用、家用电器及其他日用品修理、社区保洁、社区保安等需要就近提供的家庭服务站点纳入社区服务体系建设中。

很多企业认识到家庭服务业未来增长的基础在社区，积极推动家庭服务进社区工程建设，并把它作为家庭服务业载体建设的重要抓手。同时，推动整合各类社区资源，健全服务网络，拓宽服务领域，强化服务功能，扩大服务覆盖面，推动社区家庭服务市场化、网络化、社会化发展。例如，福州中青公司主要是围绕“社区化”的服务理念来适应市场经济、贴近居民具体生活、满足居民日常生活需求，创新家庭服务系统集成，围绕家务服务、教育管家、家庭健康、家庭物品配送和居家养老来打造一体化社区家庭服务模式。同样，天津福润劳务服务有限公司也将各社区居委会作为企业信息服务和监督服务的平台，整合社区服务的资源，发挥人力资源的效能最大化，充分利用企业资源，真正实现企业与社区的对接。同时围绕社区服务挖掘新的价值增值点，例如，社区的升级改造、安全保卫、环境卫生保洁，以及文体用品的维护维修。

实施社区化的重点：推进社区服务体系建设工程，统筹社区内家庭服务业发展，加速示范平台建设，完善服务网络体系，明确服务机构职能，形成综合、立体化的社区服务体系。根据各类服务特点，将洗染、废旧物质回收利用、家用电器及其他日用品修理、社区保洁、社区保安等需要就近提供的家庭服务站点纳入社区服务体系建设之中。合理布局，扶持社区内家庭服务业场所建设，通过依托各类社区服务设施改造建设等方式，为家庭服务机构提供场所设施。鼓励不设服务场所的各类家庭服务机构与医疗服务机构、社区管理和服务机构等加强合作，增强可持续发展的能力。支持大型家庭服务企业运用连锁经营等方式到社区设立各类便民站点。加快社区综合信息服务平台建设，支持社区居民自治组织为家庭提供信息服务，支持社会组织开展互助志愿服务活动。

（六）信息化

信息化是通过利用现代信息技术和管理理念来引导产业的创新发展，以提高企业管理效率和水平，促进管理现代化，转换经营机制，实现有效降低成本，加快技术进步，增强核心竞争力。现在的社会已经进入到信息化，如何利用信息化推动企业增长也成为创新发展中的一个方向和手段。从国际家庭服务业的发展潮流看，推动信息化建设已经在一些经济发达国家得到广泛的认同和采用。例如，韩国的信息化家庭服务业市场销售额增长幅度在

2006~2010 年达到了 3 倍。目前，国家层面也开始推动家庭服务体系建设，但这种服务体系建设不仅要在企业内部开展，还要在产业层面开展，从而实现点、线、面的全方位对接，以有效整合社会资源，提升整个产业的信息化服务能力。

家庭服务信息服务平台建设作为家庭服务业重点工程已经列入“十二五”服务业发展专项规划中。依托该平台，健全供需对接、信息咨询、服务监督等功能，形成便利、规范的家庭服务体系，为家庭、社区、家庭服务机构提供服务。整合各类家庭服务资源，对家庭服务机构的资质、服务质量进行监督评价，形成便利、规范的家庭服务体系。同时，支持社区居民自治组织为家庭提供信息服务，支持社会组织开展互助志愿服务活动；充分发挥各方面信息资源的作用，利用公共服务电话、互联网等，扩大信息覆盖面和服务范围，为家庭、社区、家庭服务机构提供公益性服务，实现互联互通、资源共享。

促进家庭服务业信息化不仅可以促进信息化技术在家庭服务业的应用，提高家庭服务业的服务质量和运行效率，还有利于解决家庭服务业发展中的信息不对称问题，降低家庭服务业的运行成本和风险，带动家庭服务业的诚信环境建设。通过构建信息网络的服务平台，挖掘服务需求，汇集服务供给，畅通供需对接的渠道。特别是随着信息化已经城镇化、网络社区化，家庭服务企业应把信息平台变成一个社会网络平台，把企业的社会影响辐射面扩大。例如，加强社区信息化建设，改变社区管理和服务条块分割的状态，利用覆盖整个社区的信息网络整合、开发和利用资源，构建统一的社区信息平台，实现社区服务信息资源的交换和共享，使居民通过多种形式的信息化手段享受全方位、高效、便利的服务。这样就能将原来的高度分享的服务空隙有机结合起来，并通过服务供应商和服务项目的整合，为用户量身打造出一整套的家庭服务解决方案。这也是形成家庭服务企业核心竞争力的有效措施，同时有助于将强大的潜力的需求，转化为现实的需求。

实施信息化的重点：推动“互联网+家庭服务”的全面融合发展，打造“互联网+”信息服务平台，推动家庭服务与移动互联的对接，实现线上线下有机融合，提升服务的人性化、多样化、便捷度，提高家政服务行业的信息化水平；实现服务信息资源的交换和共享，健全供需对接、信息咨询、服务监督等功能，对家庭服务机构的资质、服务质量进行监督评价，从而形成便利的家庭服务体系，为家庭、社区、家庭服务机构提供服务；运用移动互联网、物联网等现代信息技术，加强网络信息平台建设，推动信息互联互通和信息资源共享，利用大数据挖掘市场需求、分析消费者特点、创新服务项目、提升管理水平，实现对服务人员、服务流程、服务标准等关键环节和要素的管理，挖掘内部潜力，提高经营效益。

附　件

《国务院办公厅关于发展家庭服务业的指导意见》

国办发〔2010〕43号

各省、自治区、直辖市人民政府，国务院各部委、各直属机构：

家庭服务业是以家庭为服务对象，向家庭提供各类劳务，满足家庭生活需求的服务行业。大力发展家庭服务业，对于增加就业、改善民生、扩大内需、调整产业结构具有重要作用。为进一步贯彻落实《国务院关于加快发展服务业的若干意见》（国发〔2007〕7号）要求，经国务院同意，现就发展家庭服务业提出如下指导意见：

一、基本原则和发展目标

（一）基本原则。立足国情，从现阶段实际出发，坚持市场运作与政府引导相结合，大力推进家庭服务业市场化、产业化、社会化；坚持政策扶持与规范管理相结合，积极实施扶持家庭服务业发展的产业政策，倡导诚信经营，加强市场监管，规范经营行为和用工行为；坚持满足生活需求与促进经济结构调整相结合，通过发展家庭服务业，为家庭提供多样化、高质量服务，带动相关服务行业发展，扩大服务消费；坚持促进就业与维护权益相结合，努力吸纳更多劳动者尤其是农村富余劳动力转移就业，妥善处理好家庭服务机构、家庭与从业人员之间的关系，维护好从业人员合法权益。

（二）发展目标。到 2015 年，建立完善发展家庭服务业的政策体系和监管措施，形成多层次、多形式共同发展的家庭服务市场和经营机构，家庭服务供给与需求基本平衡；从业人员数量显著增加，职业技能水平不断提高，劳动权益得到维护。到 2020 年，惠及城乡居民的家庭服务体系比较健全，能够基本满足家庭的服务需求，总体发展水平与全面建设小康社会的要求相适应。

二、统筹规划家庭服务业发展

（三）制订实施发展规划。根据国民经济和社会发展中长期规划及服务业发展主要目标，制订全国家庭服务业中长期发展规划。各地区要根据国家规划和本地区实际情况制订本地区规划，明确发展目标和保障措施。各有关部门要制（修）订相关行业规划和专项规划。研究制订家庭服务业发展评价体系，促进发展规划的实施。

（四）统筹各类业态发展。研究制订家庭服务业发展指导目录，明确不同时期发展重点及支持方向。适应人口老龄化和生活节奏加快的趋势，重点发展家政服务、养老服务、社区照料服务和病患陪护服务等业态，满足家庭的基本需求；加快基本养老服务体系建设，积极发展社区日间照料中心和专业化养老服务机构，支持社会力量参与公办养老服务设施的运营，开展多层次的养老服务；鼓励发展残疾人居家服务。适应经济社会发展水平和居民消费变化，因地制宜发展家庭用品配送、家庭教育等业态，满足家庭的特色需求。结合社会主义新农村建设，逐步发展面向农村尤其是中心镇的家庭服务。

（五）培育家庭服务市场。以非公有制经济为主体，鼓励各种资本投资创办家庭服务企业。除法律、行政法规另有规定外，对设立家庭服务企业不得提高注册资本最低限额。推进家庭服务领域对外开放，积极引进境外投资。鼓励各种社会力量创办民办非企业单位和个体经济组织提供家庭服务，支持工会、共青团、妇联和残联等组织利用自身优势发展多种形式的家庭服务机构。鼓励家务劳动社会化，积极扩大家庭服务需求。政府面向困难群众提供的家庭服务类公共产品，要按照市场机制向社会购买。各地区家庭服务市场要向外地企业开放，不得设置市场壁垒。

（六）推进公益性信息服务平台建设。设立区域性家庭服务电话呼叫号码，整合资源，增加投入，实施家庭服务业公益性信息服务平台建设工程。充分发挥各方面信息资源的作用，利用公共服务电话、互联网等，扩大信息覆盖面和服务范围，为家庭、社区、家庭服务机构提供公益性服务，实现互联互通、信息共享。依托家庭服务业公益性信息服务平台，健全供需对接、信息咨询、服务监督等功能，整合各类家庭服务资源，对家庭服务机构的资质、服务质量进行监督评价，形成便利、规范的家庭服务体系。

（七）发挥社区的重要作用。实施社区服务体系建设工程，统筹社区内家庭服务业发展。根据各类服务特点，将洗染、废旧物资回收利用、家用电器及其他日用品修理、社区保洁、社区保安等需要就近提供的家庭服务站点纳入社区服务体系建设之中。合理布局，扶持社区内家庭服务业场所建设，通过依托各类社区服务设施改造建设、以奖代补等方式，为家庭服务机构提供场所设施。鼓励不设服务场所的各类家庭服务机构与医疗服务机构、社区管理和服务机构等加强合作，增强可持续发展的能力。支持大型家庭服务企业运用连锁经营等方式到社区设立各类便民站点。加快社区综合信息服务平台建设，支持社区居民自治组织为家庭提供信息服务，支持社会组织开展互助志愿服务活动。

三、实行发展家庭服务业的扶持政策

（八）鼓励各类人员到家庭服务业就业、创业。把发展家庭服务业与落实各项就业扶持政策紧密结合起来，完善促进就业政策体系，鼓励农村富余劳动力、就业困难人员和高校毕业生到家庭服务业就业、创业。对各类家庭服务机构招用就业困难人员，签订劳动合同并缴纳社会保险费的，按规定给予社会保险补贴。对在家庭服务业灵活就业的就业困难人员，按规定给予社会保险补贴。对自主创业从事家庭服务业的农民工、高校毕业生和就业困难人员，按规定提供开业指导、创业培训、小额担保贷款、人事劳动档案保管和跟踪服务等“一条龙”服务。高校毕业生从事家庭服务业的，在报考公务员、应聘事业单位工作岗位时可按有关规定视同基层工作经历。鼓励开发家庭服务业公益性岗位，安排就业困难人员。落实促进残疾人就业的有关政策，鼓励和扶持具备劳动能力的残疾人从事家庭服务业。

（九）加强就业服务。强化覆盖城乡的公共就业服务体系，特别是加强街道、乡镇、社区就业服务平台建设，为家庭服务从业人员免费提供政策咨询、就业信息、职业指导和职业介绍服务，为家庭服务机构招聘人员和家庭雇用家政服务员提供推荐服务。在全国劳动力主要输出地区，整合并提升现有劳务基地资源，培育和扶持具有本地特色的家庭服务劳务品牌，强化输出地与输入地的对接，促进有组织的劳务输出。

（十）积极发展中小型家庭服务企业。充分发挥中小型家庭服务企业在行业发展中的骨干作用。地方各级人民政府和有关部门要将国家关于促进中小企业发展的政策措施落实到家庭服务企业，为企业设立、经营等提供便捷服务，将符合条件的企业纳入中小企业发展专项资金、小企业创业基地和中小企业信息服务网络给予积极扶持。加大对中小型家庭服务企业的多元化融资支持，拓宽融资渠道，扩大信贷抵押担保物范围，建立健全信用风险分散转移机制，推进金融产品和服务方式创新。鼓励兴办从事家庭服务的个体经济组织，为家庭提供灵活多样的服务，在行业发展中起到重要补充作用。切实减轻企业负担，严肃查处乱收费、乱罚款及各种摊派行为。

（十一）支持一批家庭服务企业做大做强。积极引导有条件的家庭服务企业规模化、网络化、品牌化经营，在行业发展中发挥带动作用。支持企业通过连锁经营、加盟经营、特许经营等方式，整合服务资源、扩大服务规模、增加服务网点、建立服务网络，除有特别规定外，企业设立连锁经营门店可持规定的文件和材料，直接到所在地工商行政管理机关申请办理登记手续。支持符合条件的企业按照相关规定进入境内外资本市场融资。支持企业建立和完善现代企业制度，积极开展技术、管理和服务创新，加强品牌开发、宣传和推广，形成有竞争力的知名品牌。

（十二）加大对家庭服务业的财税扶持力度。充分利用服务业发展专项资金和引导资金，将家庭服务业作为促进服务业发展的支持重点，进一步加大支持力度。中央和地方用于社会事业和民生工程的资金，要将发展家庭服务业纳入扶持范围。落实扶持中小企业发展的税收优惠政策，按有关税收政策规定，对符合条件的小型微利企业给予税收优惠。中小型家庭服务企业缴纳城镇土地使用税确有困难的，可按有关规定向省级财税部门或省级人民政府提出减免税申请；中小型家庭服务企业因有特殊困难不能按期纳税的，可依法申请在 3 个月内延期缴纳；对符合条件的员工制家政服务企业给予一定期限（3 年）免征营业税的支持政策。从事家庭服务的个体经济组织符合条件的，可以按照现行有关规定享受免收行政事业性收费优惠政策。

（十三）实施促进家庭服务业发展的其他政策措施。支持商业保险机构开发家庭服务保险产品，推行家政服务机构职业责任险、人身意外伤害保险等险种，防范和化解风险。制订土地使用总体规划、城市总体规划要充分考虑家庭服务业发展需要，搬迁关闭不适应城市功能定位的工业企业而退出的土地，要在供地安排上适当向养老服务等家庭服务机构倾斜，城市新建居住小区要预留规划面积，优先考虑家庭服务业站点发展的需要。完善价格政策，使养老服务机构与居民家庭用电、用水、用气、用热同价，其他家庭服务机构逐步实现不高于工业用电、用水、用气、用热价格。

四、逐步规范家庭服务业市场秩序

（十四）开展服务标准制（修）订和贯彻实施工作。研究制（修）订家庭服务各业态服务标准，推进服务标准化试点，逐步扩大标准覆盖范围。各地区、行业协会和企业要积极开展标准化工作，切实抓好家庭服务业国家标准、行业标准和地方标准的贯彻实施。按照让家庭满意、让从业人员满意的要求，推行服务承诺、服务公约、服务规范，提高服务质量。

（十五）加强市场监管。依法规范家庭服务机构从业行为，开展市场清理整顿，加强市场日常监管，严肃查处违法经营行为，坚决取缔非法职业中介，维护家庭消费者合法权益。制订家政服务机构资质规范，设立家政服务机构或其他组织拟从事家政服务经营的，须向有关部门备案。

（十六）完善行业自律机制。大力加强家庭服务业行业协会建设，在开办经费、办公场地、人员配备等方面给予扶持，为协会开展行业交流、人才培训、行业自律等工作提供有利条件。行业协会要在政府主管部门指导下，推动家庭服务机构开展规范化建设，拟订行业服务公约和家庭服务协议示范文本，开展服务质量评定、调解服务纠纷、调查处理违反行规行为，并配合有关部门开展行业统计、制订行业服务标准和行业工资指导价位。

（十七）积极推进诚信建设。大力开展家庭服务从业人员职业道德教育、家庭服务机构诚信经营教育和家庭守信教育，形成供需各方相互信赖、安全可靠的市场环境。要将职业道德作为从业人员岗前培训的内容。逐步健全失信惩戒和守信褒扬机制，在家庭服务机构资质评级以及日常监管、表彰奖励中，要重点考核诚信经营情况，将家庭服务供需各方诚信情况纳入社会信用体系，并与其他部门的诚信记录联网。

五、提高从业人员职业技能

（十八）加强职业技能培训。把家庭服务从业人员作为职业技能培训工作的重点，落实培训计划和农民工培训补贴等各项政策，按照同一地区、同一工种给予同一补贴的原则，统一培训补贴基本标准，统一培训机构资质规范，统一培训考核标准、考核程序和考核办法。以规模经营企业和技工院校为主，充分发挥各类职业培训机构、行业协会以及工青妇组织的作用，根据当地家庭服务市场需求和用工情况，开展订单式培训、定向培训和在职培训。依托各类职业技能培训机构，加强家庭服务从业人员实训基地建设，实施家政服务员、养老护理员和病患陪护员等家庭服务从业人员定向培训工程，对家政服务、养老服务和病患陪护服务等机构招聘从业人员进行培训的，按规定给予培训补贴。各级财政要加大对定向培训工程的投入，落实好国家有关加强职业院校的教材开发、师资培训、实训基地等基础能力建设的政策。

（十九）推进职业技能鉴定工作。按照家庭服务业发展需要，完善职业分类，加快制（修）订国家职业标准。探索符合家庭服务职业特点的鉴定模式，鼓励从业人员参加职业技能鉴定或专项能力考核，经鉴定考核合格并获得证书的，按规定给予一次性鉴定补贴。做好初、中、高级职业资格衔接工作，构建家庭服务从业人员从初、中、高级工到技师、高级技师的发展通道。家庭服务机构应坚持先培训后上岗制度，完善技能水平与薪酬挂钩机制，引导从业人员积极参加培训和鉴定考核，鼓励家庭选择持有家庭服务职业资格证书或专项职业能力证书的从业人员提供服务。

（二十）加强经营管理和专业人才培养。将家庭服务业经营管理和专业人才培养纳入国家专业技术人才中长期规划并抓好落实。支持高等院校和技工院校开设家庭服务业相关专业，培养从事家庭服务的经营管理人才和中高级专业人才，鼓励有条件的家庭服务机构与高等院校、技工院校合作，建立家庭服务人才培养基地和实习基地。加大家庭服务业职业经理人培训工作力度，提高经营管理者的素质，完善家庭服务业人才交流和激励约束机制，引导人才合理流动。

六、维护从业人员合法权益

（二十一）规范家庭服务机构与家庭及从业人员的关系。国务院有关部门要研究制订适应家政服务特点的劳动用工政策及劳动标准，促进家政服务员体面劳动。招聘并派遣家政服务员到家庭提供服务的家政服务机构，应当与员工制家政服务员签订劳动合同或简易劳动合同，执行家政服务劳动标准，家政服务机构应当与家庭签订家政服务协议。以中介名义介绍家政服务员但定期收取管理费等费用的机构，要执行员工制家政服务机构的劳动管理规定。引导家庭与通过中介组织介绍或其他方式自行雇用的非员工制家政服务员签订雇佣协议，明确双方的权利和义务。其他家庭服务机构及其从业人员应当依法签订劳动合同，执行劳动法律法规一般规定。

（二十二）维护家政服务员劳动报酬等权益。有关部门要定期公布家政服务员工资指导价位，促进工资水平逐步提高。家政服务机构支付给员工制家政服务员的工资不得低于当地最低工资标准。家政服务机构向员工制家政服务员收取管理费的，不得高于规定的比例。员工制家政服务员可以实行不定时工作制，家政服务机构及家庭应当保障其休息权利，具体休息或补偿办法可结合实际协商确定。

（二十三）以灵活方式鼓励从业人员参加社会保险。非员工制城镇户籍家政服务员可以灵活就业人员身份，自愿参加城镇企业职工基本养老保险和城镇职工基本医疗保险或城镇居民基本医疗保险。非员工制农业户籍家政服务员可以自愿参加新型农村社会养老保险、新型农村合作医疗，或以灵活就业人员身份自愿参加城镇职工基本医疗保险或城镇居民基本医疗保险。工伤保险及其他有条件的社会保险险种要针对家政服务员特点，实行灵活便捷的参保缴费方式，并做好转移接续工作。家庭服务机构及其从业人员应当按规定参加社会保险、缴纳社会保险费。

（二十四）建立多渠道维护从业人员权益机制。按照“鼓励和解、加强调解、加快仲裁、衔接诉讼”的要求，及时妥善处理家庭服务机构与从业人员之间的劳动争议。建立包括企业调解、基层调解及区域性调解、社会调解的工作网络，将简单争议化解在基层。通过简化受理立案程序、适用简易程序审理，提高仲裁效率。加强与人民法院的沟通，促进裁审衔接。加大监察执法力度，依法查处家庭服务机构违反劳动保障法律法规的行为。对家庭与非员工制家政服务员之间因履行雇佣协议引起的民事纠纷，引导当事人依法通过人民调解、行业协会调解、诉讼等渠道解决。依法在家庭服务企业中建立工会。各级工会、共青团、妇联和残联组织要发挥各自优势，通过政策咨询、法律援助、维权热线等方式，配合有关部门做好家庭服务从业人员权益维护工作。

七、加强发展家庭服务业工作的组织领导

（二十五）建立工作协调机制。建立由人力资源社会保障部牵头、有关部门单位参加的发展家庭服务业促进就业部际联席会议制度，组织研究发展家庭服务业促进就业的重大问题，推动制订和完善相关政策法规、规划计划和措施。联席会议成员单位要按照各自职责，认真贯彻落实国家关于发展家庭服务业促进就业的各项政策措施。联席会议办公室要搞好统筹协调，促进工作落实。其他有关部门也要做好涉及家庭服务从业人员的文化生活、公共卫生、计划生育、党团和工会建设等各项工作。发展家庭服务业促进就业的主

要责任在地方，县级以上地方人民政府要根据本地实际建立和完善相应的部门协调机制，充实工作力量，加强对这项工作的领导。

（二十六）加快政策法规建设。逐步完善涉及家庭服务业的投资、金融、劳动关系、社会保障、社会组织等方面的政策法规，积极推动家政服务、养老服务、社区照料服务和病患陪护服务以及其他家庭服务业态的法规规章和政策措施的制（修）订工作。各地要结合实际制订出台地方法规规章，增强操作性，为发展家庭服务业促进就业提供法制保障。

（二十七）加强统计调查和信息交流。研究建立家庭服务业统计调查制度，充实统计力量，增加经费投入，规范统计标准，完善统计调查方法和指标体系，提高统计数据的准确性和及时性，及时掌握行业发展情况，为国家宏观调控和制订规划、政策提供依据。促进有关部门和行业协会信息交流，开展国际合作与交流，借鉴吸收国外发展家庭服务业促进就业的成功做法。

（二十八）加大宣传力度。大力宣传发展家庭服务业的方针政策，宣传家务劳动社会化的新观念，宣传家庭服务从业人员的社会贡献，引导家庭及社会尊重家庭服务从业人员。及时总结推广各地区、各部门创造的新鲜经验，对作出突出成绩的先进集体和个人给予表彰，组织开展家庭服务职业技能竞赛，努力提高家庭服务从业人员的社会地位，为家庭服务业发展营造良好的社会氛围。

发展家庭服务业工作涉及面广、政策性强，各地区、各有关部门要高度重视，注意研究新情况、分析新问题、总结新经验，不断探索中国特色家庭服务业发展规律，切实推动家庭服务业发展。发展家庭服务业促进就业部际联席会议要将落实本指导意见的情况及时向国务院报告。

中华人民共和国国务院办公厅

二〇一〇年九月二十六日

家庭服务业管理暂行办法

商务部令 2012 年第 11 号

第一章　总　则

第一条　为了满足家庭服务消费需求，维护家庭服务消费者、家庭服务人员和家庭服务机构的合法权益，规范家庭服务经营行为，促进家庭服务业发展，制定本办法。

第二条　在中华人民共和国境内从事家庭服务活动，适用本办法。

本办法所称家庭服务业，是指以家庭为服务对象，由家庭服务机构指派或介绍家庭服务员进入家庭成员住所提供烹饪、保洁、搬家、家庭教育、儿童看护以及孕产妇、婴幼儿、老人和病人的护理等有偿服务，满足家庭生活需求的服务行业。

本办法所称家庭服务机构，是指依法设立从事家庭服务经营活动的企业、事业、民办非企业单位和个体经济组织等营利性组织。

本办法所称家庭服务员，是指根据家庭服务合同的约定提供家庭服务的人员。

本办法所称消费者，是指接受家庭服务的对象。

第三条　家庭服务的经营和管理，应当坚持社会效益与经济效益并重的原则。家庭服务各方当事人应当遵循自愿、平等、诚实、守信、安全和方便的原则。

第四条　商务部承担全国家庭服务业行业管理职责，负责监督管理家庭服务机构的服务质量，指导协调合同文本规范和服务矛盾纠纷处理工作。县级以上商务主管部门负责本行政区域内家庭服务业的监督管理。

第五条　县级以上商务主管部门引导和支持家庭服务机构运用现代流通

方式，培育示范性家庭服务机构，提升行业规范化经营水平。

第六条 国家鼓励公益性家庭服务信息平台的建设，扶持中小家庭服务机构发展，采取各项措施促进行业规范发展。

第七条 家庭服务行业协会应当制定行业规范，加强行业自律，为会员企业提供服务，维护会员企业的合法权益，建立服务纠纷调解处理机构，调解处理家庭服务纠纷。

第二章 家庭服务机构经营规范

第八条 家庭服务机构从事家庭服务活动需取得工商行政管理部门颁发的营业执照。

第九条 家庭服务机构应在经营场所醒目位置悬挂有关证照，公开服务项目、收费标准和投诉监督电话。

第十条 家庭服务机构须建立家庭服务员工作档案，接受并协调消费者和家庭服务员投诉，建立家庭服务员服务质量跟踪管理制度。

第十一条 家庭服务机构应按照县级以上商务主管部门要求及时准确地提供经营档案信息。

第十二条 家庭服务机构在家庭服务活动中不得有下列行为：

（一）以低于成本价格或抬高价格等手段进行不正当竞争；

（二）不按服务合同约定提供服务；

（三）唆使家庭服务员哄抬价格或有意违约骗取服务费用；

（四）发布虚假广告或隐瞒真实信息误导消费者；

（五）利用家庭服务之便强行向消费者推销商品；

（六）扣押、拖欠家庭服务员工资或收取高额管理费，以及其他损害家庭服务员合法权益的行为；

（七）扣押家庭服务员身份证、学历、资格证明等证件原件。

（八）法律、法规禁止的其他行为。

第十三条 从事家庭服务活动，家庭服务机构或家庭服务员应当与消费者以书面形式签订家庭服务合同。

第十四条 家庭服务合同应至少包括以下内容：

（一）家庭服务机构的名称、地址、负责人、联系方式和家庭服务员的姓名、身份证号码、健康状况、技能培训情况、联系方式等信息；消费者的姓名、身份证号码、住所、联系方式等信息；

（二）服务地点、内容、方式和期限等；

（三）服务费用及其支付形式；

（四）各方权利与义务、违约责任与争议解决方式等。

第十五条 家庭服务机构应当明确告知涉及家庭服务员利益的服务合同内容，应允许家庭服务员查阅、复印家庭服务合同，保护其合法权益。

第十六条 鼓励家庭服务机构为家庭服务员投保职业责任保险和人身意外伤害保险。

第十七条 鼓励家庭服务机构加入家庭服务行业协会，自觉遵守行业自律规范。

第十八条 家庭服务机构、家庭服务员与消费者之间发生争议的，可以协商解决；协商不成的，可以向人民调解委员会、行业协会调解机构或其他家庭服务纠纷调解组织申请调解，也可以依法提请仲裁或者向人民法院提起诉讼。

第三章 家庭服务员行为规范

第十九条 家庭服务员应当如实向家庭服务机构提供本人身份证、学历、健康状况、技能等证明材料，并向家庭服务机构提供真实有效的住址和联系方式。

第二十条 家庭服务员应符合以下基本要求：

（一）遵守国家法律、法规和社会公德；

（二）遵守职业道德；

（三）遵守合同，按照合同约定内容提供服务；

（四）掌握相应职业技能，具备必需的职业素质。

第二十一条 家庭服务员在提供家庭服务过程中与消费者发生纠纷，应当及时向家庭服务机构反映，不得擅自离岗。

第二十二条 消费者有下列情形之一的，家庭服务员可以拒绝提供服务：

（一）不能提供合同约定的工作条件的；

（二）对家庭服务员有虐待或严重损害人格尊严行为的；

（三）要求家庭服务员从事可能对其人身造成损害行为的；

（四）要求家庭服务员从事违法犯罪行为的。

第四章 消费者行为规范

第二十三条 消费者到家庭服务机构聘用家庭服务员时，应持有户口簿或身份证及相关证明，并如实填写登记表，交纳有关费用。

消费者或其家庭成员患有传染病、精神病或其他重要疾病的，应当告知家庭服务机构和家庭服务员，并如实登记。

第二十四条 消费者有权要求家庭服务机构按照合同约定指派或介绍家庭服务员和提供服务，消费者有权要求家庭服务机构如实提供家庭服务员的道德品行、教育状况、职业技能、相关工作经历、健康状况等个人信息。

第二十五条 消费者应当保障家庭服务员合法权益，尊重家庭服务员的人格和劳动，按约定提供食宿等条件，保证家庭服务员每天基本睡眠时间和每月必要休息时间，不得对家庭服务员有谩骂、殴打等侵权行为，不得拖欠、克扣家庭服务员工资，不得扣押家庭服务员身份证、学历、资格证明等证件原件。

未经家庭服务员同意，消费者不得随意增加合同以外的服务项目，如需增加须事先与家庭服务机构、家庭服务员协商，并适当增加服务报酬。

第五章 监督管理

第二十六条 商务部建立家庭服务业信息报送系统。家庭服务机构应按要求及时报送经营情况信息，具体报送内容由商务部另行规定。

第二十七条 设区的市级以上商务主管部门应当建设完善家庭服务网络中心，免费提供家庭服务信息，加强从业人员培训，规范市场秩序，推进家庭服务体系建设，促进家庭服务消费便利化和规范化。

第二十八条 县级以上商务主管部门建立健全家庭服务机构信用档案和客户服务跟踪监督管理机制，建立完善家庭服务机构和家庭服务员信用评价体系。

第二十九条 县级以上商务主管部门积极会同相关部门，依法规范家庭服务机构从业行为，查处违法经营行为。

第三十条 县级以上商务主管部门指导制定家庭服务合同范本，指导协调服务纠纷处理工作。

第三十一条 县级以上商务主管部门应当公布有关家庭服务业的举报、投诉渠道和方式，接受相关当事人的举报、投诉。对于属于职责范围内的举报、投诉，应当在15日内依法处理；对于不属于职责范围的，应当移交有权处理的行政机关处理。

第六章　法律责任

第三十二条 家庭服务机构违反本办法第九条规定，未公开服务项目、收费标准和投诉监督电话的，由商务主管部门责令改正；拒不改正的，可处5000元以下罚款。

第三十三条 家庭服务机构违反本办法第十条规定，未按要求建立工作档案、跟踪管理制度，对消费者和家庭服务员之间的投诉不予妥善处理的，由商务主管部门责令改正；拒不改正的，可处2万元以下罚款。

第三十四条 家庭服务机构违反本办法第十一条、第二十六条规定，未按要求提供信息的，由商务主管部门责令改正；拒不改正的，可处1万元以下罚款。

第三十五条 家庭服务机构有本办法第十二条规定行为的，由商务主管部门或有关主管部门责令改正；拒不改正的，属于商务主管部门职责的，可处3万元以下罚款，属于其他部门职责的，由商务主管部门提请有关主管部门处理。

第三十六条 家庭服务机构违反本办法第十三条、第十四条、第十五条规定，未按要求订立家庭服务合同的，拒绝家庭服务员获取家庭服务合同的，由商务主管部门或有关部门责令改正；拒不改正的，可处3万元以下罚款。

第三十七条 商务主管部门在家庭服务业监督管理工作中，玩忽职守、滥用职权、徇私舞弊的，依法给予行政处分；构成犯罪的，依法追究刑事责任。

第七章 附 则

第三十八条 省、自治区、直辖市商务主管部门可结合本地实际情况制定实施细则。

第三十九条 本办法自2013年2月1日起施行。

关于加强中心城市家庭服务体系建设的通知

人社部函〔2012〕196号

各省、自治区、直辖市及新疆生产建设兵团发展家庭服务业促进就业工作协调机构，各副省级市发展家庭服务业促进就业工作协调机构：

《国务院办公厅关于发展家庭服务业的指导意见》(国办发〔2010〕43号，以下称国办发43号文件）下发以来，各地按照发展家庭服务业促进就业部际联席会议的总体部署和要求，加强组织领导，积极贯彻落实文件精神，各项工作取得明显成效。全国家庭服务业呈现较快发展态势，行业规模逐步扩大，服务领域不断拓展，服务质量有所改善，家庭服务业就业人数持续增长。为进一步推动家庭服务业发展，现就推进地级以上中心城市家庭服务体系建设有关事项通知如下。

一、充分认识中心城市家庭服务体系建设的重要性

随着经济社会的发展，家庭服务业在增加就业、改善民生、扩大内需、调整产业结构等方面发挥着重要作用。与此同时，家庭服务不能满足广大群

众需求的问题日益凸显，“找家政服务员难”、养老服务供给不足等问题引起社会广泛关注；居民对家庭服务需求大、要求高，与家庭服务机构规模小、服务不够规范、服务质量和水平低之间的矛盾，在中心城市比较突出。推进中心城市家庭服务体系建设，既是破解家庭服务业发展难题的重要抓手和实现发展提速、比重提高、水平提升的重要途径，也是促就业、惠民生、调结构的重要举措，还能发挥中心城市的示范效应和辐射带动作用，有利于促进周边地区家庭服务业发展，不断满足广大群众的生活需求。

二、明确中心城市家庭服务体系建设的目标任务

“十二五”期间，各地中心城市要大力加强家庭服务体系建设，推动家庭服务业快速发展，努力实现以下目标：国办发 43 号文件规定的扶持政策得到较好落实，制订出台专门的实施意见和配套政策；建立有针对性的就业创业服务机制，有 1 个以上相对固定的家庭服务员输出对接地；建立家庭服务从业人员定向培训制度，培训人员数量上规模、质量上水平；年度“千户百强”家庭服务企业（单位）创建活动中，创建出 1 家以上全国“千户百强”企业和 1 个以上知名品牌；建立起家庭服务业公益性信息服务平台，提供及时有效的信息服务；成立家庭服务业协会；家庭服务供给能力显著增强，基本满足当地家庭服务需求；市场秩序规范，服务质量较好，社会满意度明显提高；每年新吸纳家庭服务就业人数占本地区全社会就业人数比重不断提高。

三、采取有力措施推进中心城市家庭服务体系建设

（一）建立完善组织体系和工作机制，加强统筹规划。中心城市要按照《国务院关于同意建立发展家庭服务业促进就业部际联席会议制度的批复》（国函〔2009〕82 号）和《中央机构编制委员会办公室关于建立推动家庭服务业发展促进就业部门协调机制的通知》（中央编办发〔2009〕14 号）要求，建立由人力资源社会保障部门牵头、有关方面参加的发展家庭服务业促进就业联席会议机制，成立专门的发展家庭服务业促进就业工作协调机构，建立健全工作制度，充分发挥人力资源社会保障、发展改革、民政、财政、商务、

工会、共青团、妇联等部门（单位）的职能作用及家庭服务业协会的行业自律作用，共同推进家庭服务体系建设。要抓好“十二五”服务业发展规划、促进就业规划、社会养老服务体系建设规划、社区服务体系建设规划等专项规划的实施，认真做好地方规划编制和实施工作，将专项规划中的政策措施分解好、落实好，将重点工程及时启动和组织实施起来。

（二）加强就业创业服务，发挥家庭服务业吸纳就业的积极作用。中心城市要通过政策宣传、信息发布、职业介绍、职业指导等一系列就业服务，鼓励引导农民工等各类劳动者到家庭服务业就业、创业。对自主创业从事家庭服务业的农民工、高校毕业生和就业困难人员，按规定提供开业指导、创业培训、小额担保贷款、人事劳动档案保管和跟踪服务等公共服务。家庭服务企业（单位）吸纳就业符合相关政策要求的，按规定给予岗位补贴、社保补贴等扶持。要积极开拓专业市场，在人力资源市场建立家庭服务业窗口，有条件的地方可以建立专门的家政市场、家庭服务市场等。

（三）搞好输出地和输入地对接，保障家庭服务供给。中心城市要加强与家庭服务从业人员输出地的合作，建立相对固定的家庭服务从业人员输出输入对接地，通过建立劳务基地、市场对接、招工对接、网络信息对接等形式，解决好“送出去”和“接进来”的问题。家庭服务从业人员输出地与输入地要密切配合，通过宣传、引导等方式，积极鼓励有就业意向人员从事家庭服务业工作，积极为外出务工人员提供培训、鉴定等公共服务。做好外出务工人员的各项权益保障工作，关心外出人员家属，解决家属在家庭生活、子女上学等方面遇到的实际困难。

（四）加强家庭服务培训，不断提高从业人员职业技能。中心城市要以家政服务员、养老护理员和病患陪护员为重点，加强家庭服务从业人员培训，落实培训补贴政策，保证有培训需求的从业人员都能按有关规定得到政府补贴的职业培训。有条件的中心城市可以加大资金投入，专门用于家庭服务业培训。要适应家庭服务从业人员的职业特点，增强培训的针对性和实用性，统筹整合培训资源，提高培训质量和效率，不断推进家庭服务行业职业化建设。要加强对家庭服务企业（单位）经营者的培训，促进提高经营管理水平。

开展职业技能大赛等活动，鼓励从业人员不断提高服务水平。要根据需要，依托现有职业培训机构、技工学校及公共实训基地，有条件的地方建立专门的家庭服务业实训基地，开展职业技能培训，提供职业技能鉴定服务。

（五）维护家庭服务从业人员合法权益，实现稳定体面就业。加快完善有关家庭服务业法规政策，适应当前家庭服务业发展现状和水平，规范家庭服务企业（单位）、家庭服务从业人员、家庭之间的权利义务关系，保护从业人员等各方合法权益。要加强舆论宣传，营造全社会尊重家庭服务从业人员劳动的氛围，进一步增强从业人员的职业荣誉感。要创造好的条件，吸引和鼓励更多的农民工和各类人员到家庭服务业就业、创业，使他们愿意干、舒心干、留得住。

（六）进一步规范市场行为，不断提升家庭服务质量。加强家庭服务标准化、规范化建设，抓好家庭服务业国家标准、行业标准和地方标准的制订和实施。进一步强化市场监管，规范家庭服务业市场秩序。中心城市发展家庭服务业促进就业工作协调机构要积极推进行业协会建设，加强对家庭服务业协会的指导，努力扩大行业协会的覆盖面。要通过行业协会的倡导和引导，进一步规范家庭服务业市场行为，加强行业自律，提高家庭服务的质量和水平。要积极争取有关方面支持，在开办经费、办公场所、人员配备等方面给予扶持，为协会开展行业交流、人才培训、行业自律等工作提供便利条件。

（七）落实发展家庭服务业各项优惠政策，进一步优化政策环境。中心城市要认真落实国办发 43 号文件和《国务院关于进一步支持小型微型企业健康发展的意见》（国发〔2012〕14 号）规定的各项扶持政策，结合本地实际加以细化，增强政策的针对性和可操作性。对于有关发展服务业、中小企业等各项现行政策，要抓好在家庭服务业领域的落实。要积极争取建立家庭服务业发展基金。要加大财政支持力度，有条件的城市要设立发展家庭服务业促进就业专项资金。要充分挖掘现有促进就业各项政策，向家庭服务业倾斜。积极探索家政服务社会保险补贴制度。积极落实员工制家政服务免征营业税的政策规定。加大对家庭服务企业的多元化融资支持，拓宽融资渠道。扩大对养老服务企业信贷抵押担保物范围，加强对小型微型家庭服务企业的信用担保服务。中心城市制订土地使用总体规划、城市总体规划要考虑家庭服务业发展需要，城市新建居住小区要预留规划面积，优先考虑家庭服务业站点发展的需要。协调和推动商业保险机构开发适应家庭服务业需要的商业保险。要制定新的更大力度的扶持政策，努力形成家庭服务企业（单位）快速发展的政策环境。

（八）积极培育龙头企业和知名品牌，推动城市家庭服务业发展壮大。中心城市要大力培育和发展家政服务企业（单位），鼓励和引导民间资本进入养老服务市场，积极发展以社区照料中心为重点的社会养老服务和以综合福利院、护理院、老年公寓等为重点的机构养老服务。鼓励和支持大型家庭服务企业运用连锁经营等方式，进入社区设立便民站点。要结合“千户百强”家庭服务企业（单位）创建，将符合条件的家庭服务企业（单位）纳入服务业发展专项资金和引导资金、中小企业发展专项资金扶持范围，推动本地有实力的企业做大做强，有条件的中小企业做专做精，培育和引进大型知名家庭服务企业和品牌。积极引导有条件的家庭服务企业规模化、网络化、品牌化经营，促进家庭服务业繁荣发展。

（九）整合社会资源，提供高效、便捷的家庭服务。中心城市要积极创造条件，通过对家庭服务企业（单位）在社区设立的养老、家政服务站点，购买一定数量的公益性就业岗位，提供免费或优惠的家庭服务。积极满足居家养老实际需要，向城乡居民免费发放“一键通”等居家养老呼叫设备。整合包括公共就业服务平台、家政服务网络中心、家庭服务电话呼叫中心等现有信息服务资源，充分发挥各自的优势和互补作用，加强家庭服务业公益性信息服务平台建设。要不断加强家庭服务信息服务平台功能建设，健全供需对接、信息咨询、服务监督等功能，为广大家庭提供便捷、规范的服务。

四、加强对中心城市家庭服务体系建设工作的组织领导

各省、自治区、直辖市发展家庭服务业促进就业工作协调机构要在当地政府的领导下，加强各部门协调配合，形成合力，共同推进中心城市家庭服务体系建设，努力促进本地区家庭服务业发展。要按照以上工作部署和要求，

结合本地实际，确定本地区中心城市家庭服务体系建设的具体目标，制定切实可行的工作计划和实施方案。同时，请确定本地区1至2个基础较好、条件比较成熟的百万以上人口中心城市（或直辖市的区），作为发展家庭服务业促进就业部际联席会议办公室工作联系点，以便开展相关政策先行先试，做好典型引路及经验总结工作。部际联席会议办公室将不定期对各地情况进行通报，并适时召开中心城市家庭服务体系建设经验交流会。

请各省、自治区、直辖市发展家庭服务业促进就业工作协调机构将本地区工作联系点城市名单，于2012年7月15日前书面报送人力资源社会保障部农民工工作司备案。

发展家庭服务业促进就业部际联席会议办公室
人力资源和社会保障部
二〇一二年六月十九日

人力资源社会保障部　国家发展改革委等八单位关于开展家庭服务业规范化职业化建设的通知

人社部发〔2014〕98号

各省、自治区、直辖市及新疆生产建设兵团人力资源社会保障厅（局）、发展改革委、民政厅（局）、财政厅（局）、商务厅（局）、总工会、团委、妇联：

推动以家政服务、养老服务、病患陪护服务为重点的家庭服务行业规范化、家庭服务从业人员职业化，是保障家庭服务供给、提高家庭服务质量、促进家庭服务行业健康发展的重要基础性工作。大力贯彻落实党的十八届三中、四中全会精神和习近平总书记在视察济南农民工综合服务中心时指出的要坚持诚信为本、提高家政服务职业化水平的重要指示精神，进一步落实《国务院办公厅关于发展家庭服务业的指导意见》（国办发〔2010〕43号），现就开展家庭服务业规范化和职业化建设（以下简称“两化”建设）通知如下：

一、“两化”建设的总体目标和具体要求

（一）总体目标

贯彻党中央、国务院决策部署，适应家庭服务业发展需要，不断加大工作力度，到2020年，努力实现家庭服务行业规范化、家庭服务从业人员职业化的目标。

（二）具体要求

1. 规范化建设。

（1）依法经营，诚信为本。从事家庭服务的企业（单位）依法登记并注册，遵循合法、平等自愿、诚实信用的原则开展经营活动，公平参与市场竞争，为家庭提供安全、便利、优质的家庭服务，依法保障家庭服务从业人员合法权益。家庭服务企业（单位）建立健全的企业管理制度，有条件地推进现代企业制度建设，创新管理和服务模式，实行连锁化、规模化、网络化、品牌化经营。

（2）标准服务，顺畅对接。家庭服务标准体系完备，家庭服务企业（单位）依据家庭服务标准提供家庭服务，推行服务承诺、服务公约、服务规范，努力创建服务品牌，不断提高服务质量。家庭服务业公益性信息服务平台普遍建立健全供需对接、信息咨询、服务监督等功能。实现家庭与家庭服务企业（单位）顺畅对接。

（3）充分自律，有效监管。家庭服务行业协会覆盖面稳步扩大，行业协会的服务、协调、自律作用得到充分发挥，行业组织化程度高。家庭服务市场监管法规规章完备，执法严格有效，市场行为规范，各方主体权利得到维护，行业有序健康发展。

2. 职业化建设。

（1）职业认同得到确立。家庭服务从业人员普遍树立“家服人”职业形象和职业道德，践行“把爱心送到家，把服务做到家”理念，职业文化健康发展，家庭服务职业受到社会广泛认同和尊重。

（2）职业技能显著提高。家庭服务从业人员普遍接受职业技能培训，具备较高的职业素质和技能，能够提供专业化的家庭服务。

（3）职业队伍不断扩大。越来越多的劳动者进入家庭服务领域就业和创业，包括一大批高素质、高技能的家庭服务从业人员、专业职业培训人员和专业研究人员组成的家庭服务业职业队伍不断壮大。

（4）合法权益得到保障。劳动用工合法规范，维护家庭服务从业人员权益的法规政策进一步完善，建立多渠道权益维护机制，家庭服务从业人员劳动报酬、休息休假等权益得到保障。

二、以诚信建设为重点推进家庭服务业规范化建设

（一）完善家庭服务企业（单位）经营行为规范。针对家政服务、养老服务、病患陪护服务等业态的行业特点，研究制定并不断完善法规规章，规范家庭服务企业（单位）的经营行为。

（二）强化企业经营和市场行为监管。定期开展家庭服务业市场清理整顿，加强市场日常监管，严肃查处违法经营行为。

（三）加强家庭服务诚信建设。大力开展家庭服务机构诚信经营教育、家庭服务从业人员职业道德教育和家庭守信教育。将职业道德作为从业人员岗前培训的内容。建立健全守信激励和失信惩戒制度，建立家庭服务机构和从业人员信用记录，纳入国家统一的信用信息平台，对严重违法失信的机构和从业人员建立“黑名单”并依法公开曝光。探索建立家庭服务机构和从业人员诚信服务承诺制，要求以规范格式向社会公开承诺。

（四）推行家庭服务标准和服务规范。大力推行家庭服务国家标准和行业标准，积极研究制定新的业态服务标准和规范。对暂未制定国家标准或行业标准的，鼓励各地探索制定地方标准，积极探索指导督促企业执行标准的有效途径和办法，鼓励企业实行更高水平的服务标准和规范，推动家庭服务向高标准、高质量、高水平发展。

（五）提高家庭服务业公益性信息服务能力。依托家庭服务信息网络、社区公共服务综合信息平台、公共就业信息服务平台等，理顺关系，健全功能，

加强家庭服务业公益性信息服务，扩大信息服务覆盖面，促进信息服务向农村社区覆盖，实现家庭服务供需信息对接和共享，积极争取电信管理部门的支持，设立家庭服务业公益性服务号码。支持通信、互联网企业设立家庭服务业公益性信息服务网站、呼叫中心，为家庭和家庭服务企业（单位）提供供需对接服务。

（六）充分发挥家庭服务业行业协会作用。通过政府转变职能、购买服务、税收优惠等措施，积极扶持发展家庭服务业行业协会。加强与行业协会的联系，重要会议可邀请行业协会参加，重要课题可委托行业协会开展研究，重要政策文件要征求行业协会的意见。鼓励行业协会及时报告家庭服务行业发展情况，提出促进家庭服务业发展的意见和建议。鼓励行业协会通过推动诚信体系建设和倡导实施行规行约，进一步发挥行业自律作用，维护公平竞争的市场秩序和相关各方合法权益，促进行业健康稳定发展。

三、以培训工作为重点加强家庭服务业职业化建设

（一）加大家庭服务业职业培训工作力度。把家庭服务从业人员培训纳入本地区职业技能培训规划和农民工职业技能提升计划，确保家庭服务从业人员培训的规模和质量。按照《国务院关于加强职业培训促进就业的意见》（国发〔2010〕26号）精神，针对家政服务行业特点，进一步完善并落实职业培训政策，对有意愿的劳动者（含家庭自雇的家政服务员）申请参加家政服务技能培训的，做到应训尽训；对参加家政服务技能培训的，按规定给予职业培训补贴，做到应补尽补。按照家庭服务业相关职业（工种）不同等级要求、市场需求紧缺程度以及培训平均成本，科学合理地确定培训补贴基本标准，并根据实际情况定期予以调整。在组织开展培训工作中要注重发挥工会、共青团、妇联组织的独特优势和重要作用。

（二）建立家庭服务从业人员职业发展通道。加强家庭服务从业人员的职业技能标准制（修）订工作，构建完善家庭服务从业人员从初级工到技师的职业发展通道。落实职业技能鉴定补贴政策，鼓励家庭服务从业人员参加职业技能鉴定。发布不同职业技能等级家庭服务从业人员市场工资指导价位，

引导家庭服务从业人员通过提高技能水平增加工资收入。

（三）强化家庭服务业专门人才培养。推动支持有条件的技工院校、职业院校和普通高等院校开设家政学等社会急需的家庭服务类专业，扩大招生规模，加大培养家政服务、养老服务等专业人才。积极鼓励校企合作，形成实习培训、合作讲学、兼职任教等形式多样的学科专业人才培养机制。推动高等院校建立家庭服务专业研究中心，为家庭服务业发展提供理论支撑。支持家庭服务专业教学指导委员会工作，加强校际交流。开展家庭服务业职业经理人培训，培养经营管理人才，提高家庭服务企业（单位）科学管理的能力。

（四）提高家庭服务从业人员职业培训基础能力。充分发挥职业培训资源作用，鼓励社会力量尤其是“千户百强”家庭服务企业（单位）和工会、妇联组织举办的大中型家政服务机构依法兴办职业培训机构，支持工会、共青团、妇联组织依托所属职业培训机构开展家庭服务培训。结合中心城市家庭服务体系建设，在家庭服务需求大、从业人员多的区域性中心城市，利用现有培训机构和资源，建设家庭服务职业技能实训基地。支持各省、自治区、直辖市发展 1~2 个家庭服务职业培训示范基地。

加强家庭服务业职业培训课程体系、培训大纲以及培训教材开发，推广家庭服务业规范化系列培训教材，大力推进家庭服务业职业培训师资队伍建设，依托有条件的培训机构开展师资培训，逐步建立师资库。

（五）积极宣传推广“中国家庭服务”行业标识。指导家庭服务业行业协会向依法登记、合法经营的家庭服务企业（单位）推广使用“中国家庭服务”标识，大力宣传“把爱心送到家，把服务做到家”服务理念。在使用标识时，要严格按照标识标准制图数据制作标识，将标识悬挂在办公经营场所或活动场所的显著位置，妥善维护标识，确保标识的完整性。

（六）努力保护家庭服务从业人员劳动保障权益。积极促进家庭服务从业人员稳定就业，依法保障其各项劳动保障权益。制定适应家政服务特点的劳动用工政策及劳动标准，保障家政服务员劳动报酬、休息休假、劳动条件、社会保险等方面的合法权益。

四、加强组织领导

各级人力资源社会保障部门要充分发挥在发展家庭服务业促进就业联席会议中的牵头作用，积极履行推动家庭服务业规范化和职业化建设的统筹协调职责，会同有关部门和单位研究制定本地家庭服务业“两化”建设实施方案，制定切实可行的政策措施，有计划、有步骤地推进家庭服务业“两化”建设。各级发展改革、民政、财政、商务、总工会、共青团、妇联等部门（单位）要按照《中央机构编制委员会办公室关于建立推动家庭服务业发展促进就业部门协调机制的通知》（中央编办发〔2009〕14 号）和各地职责分工要求，认真履行各自职责，加强协作配合，共同推动家庭服务业“两化”建设，确保各项政策措施落到实处。

各地区、各有关部门要及时分析掌握新情况、研究解决新问题，每年初向上级部门和同级发展家庭服务业促进就业工作协调机构报告工作情况。

家政服务提质扩容行动方案（2017 年）

发展家政服务业，不仅是促进农民工就业增收的重要渠道，也是改善民生、扩大内需、调整结构的重要举措，是一项利国利民、一举数得的民生工程。当前，家政服务业仍存在供需矛盾突出、市场主体发育不充分、专业化程度较低、管理机制不健全等问题，为加快推进家政服务提质扩容，制定本行动方案。

一、总体要求

全面贯彻党的十八大和十八届三中、四中、五中、六中全会精神，深入学习习近平总书记系列重要讲话精神和治国理政新理念新思想新战略，以供给侧结构性改革为主线，持续深化服务改革，坚持目标导向、问题导向，围绕扩大有效供给，积极培育市场主体，强化供需对接；围绕提高服务质量，加强人才培养，健全标准规范体系；围绕优化市场环境，加强诚信体系建设，完善市场监管，2017 年集中出台一批有力有效的政策措施，着力推进家政服务业专业化、规模化、网络化、规范化发展，充分发挥好对稳增长、促就业、惠民生方面的促进作用。

二、主要目标

通过组织实施行动方案，促进家政服务行业保持较快增速，2017 年营业收入增长率保持 20%以上，达到 4000 亿元以上，家政服务业吸纳农村转移劳动力、城镇下岗职工、中西部贫困地区女性、“40、50”人员、灵活就业人员等重点群体就业的作用进一步增强，从业人员数量达到 2800 万人左右，为家政服务业长远健康发展夯实基础。

三、重点任务

（一）引导家政企业做大做强

1. 制定“千户百强”家庭服务企业创建情况的调查和展示方案，推广运作规范、特色发展的知名企业品牌经营模式，支持家政服务知名品牌建设。（人力资源社会保障部、商务部分工负责）

2. 开展中心城市家政服务劳务对接行动，组织北京、天津、上海、广东等 9 个省（市）的中心城市与中西部地区国家级贫困县之间跨省对接。（人力资源社会保障部、商务部分工负责）

3. 推进家政企业和社区对接，鼓励家政从业人员在社区备案，将从业人员数据纳入社区公共服务综合信息平台，逐步实现区域内家政服务信息互联互通，信息共享（地方有关部门）。

4. 积极推进 O2O（线上线下结合）等家政服务新业态，加快信息流通，提升行业效率（商务部、人力资源社会保障部、工信部等）。

（二）加强对行业发展的政策扶持

5. 落实家政服务企业由员工制家政服务员提供的家政服务免征增值税的

政策（财政部、税务总局、人力资源社会保障部、商务部等）。

6. 有条件的地区开展员工制家政服务企业社保补贴试点（地方有关部门）。

7. 鼓励从业人员投保家政服务员职业责任保险、人身意外伤害保险和重大疾病险等商业保险（保监会、人力资源社会保障部、商务部等）。

8. 育婴员、养老护理员等职业实行上岗前健康体检，鼓励其他从业人员上岗前按所从事家政服务类别进行体检，从事体检的医院或体检机构要明示收费标准，实施档案管理（人力资源社会保障部、卫生计生委、民政部分工负责）。

（三）健全职业培训制度，大力提升职业化水平

9. 强化家政服务业岗前培训，育婴员、养老护理员等职业实行在岗“回炉”培训机制，保证有培训需求的从业人员“应训尽训”，并按规定得到职业培训补贴（人力资源社会保障部，地方有关部门等）。

10. 推动有条件的职业院校（含技工院校）开设家政相关专业，支持产教融合、校企合作，大力开展订单式培训和在职培训（教育部、人力资源社会保障部、地方有关部门等）。

11. 把家政服务列为农民工职业技能提升计划——“春潮行动”实施重点。组织实施好“巾帼家政服务”专项培训工程（人力资源社会保障部、全国妇联等）。

12. 依托现有职业院校和企业资源，推动在大中城市建设一批省级家政服务职业培训示范基地，在全国遴选若干所国家级家政服务职业培训示范基地（人力资源社会保障部、全国总工会、全国妇联、教育部等）。

13. 安排中央投资加强公共实训基地建设，将家政服务纳入实训工种范围（国家发展改革委、地方有关部门等）。

（四）完善家政服务标准和服务规范

14. 完善标准体系，研究制定家政电商等新兴业态的服务标准和规范，鼓励制定地方标准、团体标准和企业标准，推进家政服务标准化试点示范建设，积极总结推广服务标准化经验。积极推行家政企业实施产品和服务标准自我声明公开（国家标准委、人力资源社会保障部、商务部、工信部等）。

15. 大力推进家政服务合同管理，家政服务企业应公开服务项目和收费标准，与从业人员、消费者签订家政服务劳务合同，明确服务清单和服务要求，推广使用家政服务合同示范文本，规范家政服务三方权利义务关系（商务部、人力资源社会保障部等）。

（五）强化监管，进一步优化市场环境

16. 研究出台加强监督管理，促进规范化发展的政策措施，开展家政服务市场专项检查，抓紧加大对违法违规行为防范惩处力度（商务部、人力资源社会保障部等）。

17. 加强家政服务行业诚信体系建设，推动有关部门签署家政服务失信联合惩戒合作备忘录，建立家政服务企业、从业人员信用记录，并相应纳入国家企业信用信息公示系统、全国信用信息共享平台和“信用中国”网站（商务部、人力资源社会保障部、发展改革委、工商总局、人民银行等）。

18. 大力开展普法宣传，加强职业道德建设，切实维护各方权益（新闻出版广电总局、人力资源社会保障部、商务部、全国总工会、共青团中央、全国妇联等）。

四、加强组织实施

各地要结合本地家政服务业发展实际，健全完善家政服务业发展的工作机制，将本行动方案细化分解，建立工作台账，明确责任主体，确定时间表，充分调动行业协会等各方积极性，抓紧组织实施。人力资源社会保障部承担统筹协调推动家庭服务业发展促进就业的责任，商务部按其行业管理职责承担家政服务业的监管责任，其他部门要充分认识推动家政服务提质扩容的重要意义，各司其职，形成合力，落实责任分工，2017 年底前推动各项任务取得重大进展，促进家政服务业健康发展。

福建省促进家庭服务业发展政策服务指南

福建省发展家庭服务业促进就业厅际
联席会议办公室选编

2016年3月

目 录

一、工商注册便利

除法律、行政法规另有规定外，对设立家庭服务企业不得提高注册资本最低限额。申办个人独资家庭服务企业、合伙企业和个体工商户，出资额可自行申报，不受最低出资额限制。对新办的家庭服务企业，注册标准可按法定最低注册标准执行，并对初创企业免收登记类、证照类、管理类行政事业性收费。有限责任公司、股份有限公司注册资本金可实行分期到位。对连锁经营的一般性家庭服务企业实行企业总部统一办理工商注册登记和经营审批手续。

文件依据：

1.《福建省人民政府关于大力推进大众创业万众创新十条措施的通知》（闽政〔2015〕37 号）

2.《福建省人民政府关于加快发展服务业的实施意见》（闽政文〔2011〕28 号）

3.《福建省人民政府办公厅关于发展家庭服务业的实施意见》（闽政办〔2011〕193 号）

落实单位：各级工商行政管理部门

二、放宽经营场所限制

放宽家庭服务业住所（经营场所、营业场所）限制，由相关政府及其派出机构或者村委会、居委会出具的同意使用有关住所（经营场所、营业场所）从事经营活动的证明，可作为从事家庭服务业申办营业执照时的住所（经营场所、营业场所）有效证明。凡在住宅小区内有固定场所，为小区居民或村民提供自行车维修、小家电维修、缝纫修补、管道疏通和卫生保洁等服务的，可不办理营业执照，只需向所属居委会或村委会备案。

文件依据：《福建省人民政府办公厅关于发展家庭服务业的实施意见》（闽政办〔2011〕193 号）

落实单位：各级工商行政管理部门

三、税收优惠

（一）小型微利企业及家庭服务企业税收优惠

1. 自 2015 年 1 月 1 日至 2017 年 12 月 31 日，对年应纳税所得额低于 20 万元（含 20 万元）的小型微利企业，其所得按 50%计入应纳税所得额，按 20%的税率缴纳企业所得税。

文件依据:《财政部　国家税务总局关于小型微利企业所得税优惠政策的通知》(财税〔2015〕34 号)

落实单位：各级财政、国税、地税部门

2. 自 2015 年 10 月 1 日起至 2017 年 12 月 31 日，对年应纳税所得额在 20 万元到 30 万元（含 30 万元）之间的小型微利企业，其所得按 50%计入应纳税所得额，按 20%的税率缴纳企业所得税。

文件依据:《财政部　国家税务总局关于进一步扩大小型微利企业所得税优惠政策范围的通知》(财税〔2015〕99 号)

落实单位：各级财政、国税、地税部门

3. 自 2014 年 10 月 1 日至 2018 年 12 月 31 日，符合财税〔2011〕51 号规定的家政服务企业，由员工制家政服务员提供的家政服务取得的收入免征营业税。

文件依据：

（1）《财政部　国家税务总局关于员工制家政服务营业税政策的通知》(财税〔2016〕9 号)

（2）《财政部　国家税务总局关于员工制家政服务免征营业税的通知》(财税〔2011〕51 号)

落实单位：各级财政、国税、地税部门

（二）重点群体创业就业税收优惠

重点群体包括持《就业创业证》（注明“自主创业税收政策”）人员和在人力资源社会保障部门公共就业服务机构登记失业半年以上且持《就业创业证》（注明“企业吸纳税收政策”）人员。

持《就业创业证》（注明“自主创业税收政策”）人员是指：1. 在人力资源社会保障部门公共就业服务机构登记失业半年以上的人员；2. 零就业家庭、享受城市居民最低生活保障家庭劳动年龄内的登记失业人员；3. 毕业年度内高校毕业生。高校毕业生是指实施高等学历教育的普通高等学校、成人高等学校毕业的学生；毕业年度是指毕业所在自然年，即 1 月 1 日至 12 月

31 日。

上述人员可按以下规定申领《就业创业证》凭证：

1. 按照《就业服务与就业管理规定》（中华人民共和国劳动和社会保障部令第 28 号）第六十三条的规定，在法定劳动年龄内，有劳动能力，有就业要求，处于无业状态的城镇常住人员，在公共就业服务机构进行失业登记，申领《就业创业证》。其中，农村进城务工人员和其他非本地户籍人员在常住地稳定就业满 6 个月的，失业后可以在常住地登记。

2. “零就业”家庭凭社区出具的证明，城镇低保家庭凭低保证明，在公共就业服务机构登记失业，申领《就业创业证》。

3. 毕业年度内高校毕业生在校期间凭学生证向公共就业服务机构按规定申领《就业创业证》，或委托所在高校就业指导中心向公共就业服务机构按规定代为其申领《就业创业证》；毕业年度内高校毕业生离校后直接向公共就业服务机构按规定申领《就业创业证》。

自 2014 年 1 月 1 日至 2016 年 12 月 31 日，对持《就业创业证》（注明“自主创业税收政策”）人员从事个体经营的，在 3 年内按每户每年 9600 元为限额依次扣减其当年实际应缴纳的营业税、城市维护建设税、教育费附加、地方教育附加和个人所得税。纳税人年度应缴纳税款小于上述扣减限额的，以其实际缴纳的税款为限；大于上述扣减限额的，应以上述扣减限额为限。

自 2014 年 1 月 1 日至 2016 年 12 月 31 日，家庭服务企业在新增加的岗位中，当年新招用在人力资源社会保障部门公共就业服务机构登记失业半年以上且持《就业创业证》（注明“企业吸纳税收政策”）人员，与其签订 1 年以上期限劳动合同并依法缴纳社会保险费的，在 3 年内按实际招用人数予以定额依次扣减营业税、城市维护建设税、教育费附加、地方教育附加和企业所得税优惠。定额标准为每人每年 5200 元。按此标准计算的税收扣减额应在企业当年实际应缴纳的营业税、城市维护建设税、教育费附加、地方教育附加和企业所得税税额中扣减，当年扣减不足的，不得结转下年使用。

文件依据：

1.《国务院关于进一步做好新形势下就业创业工作的意见》（国发〔2015〕

23 号）

2.《国家税务总局 财政部 人力资源和社会保障部 教育部 民政部关于支持和促进重点群体创业就业有关税收政策具体实施问题的补充公告》（2015 年第 12 号）

3.《财政部 国家税务总局 人力资源和社会保障部 教育部关于支持和促进重点群体创业就业税收政策有关问题的补充通知》（财税〔2015〕18 号）

4.《财政部 国家税务总局 人力资源和社会保障部关于继续实施支持和促进重点群体创业就业有关税收政策的通知》（财税〔2014〕39 号）

5.《福建省财政厅 福建省国家税务局 福建省地方税务局转发财政部 国家税务总局 人力资源社会保障部关于继续实施支持和促进重点群体创业就业有关税收政策的通知》（闽财税〔2014〕25 号）

落实单位：各级财政、国税、地税、人社部门

四、免征有关政府性基金

自 2016 年 2 月 1 日起，将免征教育费附加、地方教育附加、水利建设基金的范围，由现行按月纳税的月销售额或营业额不超过 3 万元（按季度纳税的季度销售额或营业额不超过 9 万元）的缴纳义务人，扩大到按月纳税的月销售额或营业额不超过 10 万元（按季度纳税的季度销售额或营业额不超过 30 万元）的缴纳义务人。

从 2014 年 12 月 23 日起，自工商登记注册之日起 3 年内，对安排残疾人就业未达到规定比例、在职职工总数 20 人以下（含 20 人）的小微企业，免征残疾人就业保障金。

文件依据：

1.《财政部 国家税务总局关于扩大有关政府性基金免征范围的通知》（财税〔2016〕12 号）

2.《财政部 国家税务总局关于对小微企业免征有关政府性基金的通知》（财税〔2014〕122 号）

3.《福建省财政厅 福建省地方税务局关于对小微企业免征政府性基金的

补充通知》（闽财综〔2015〕16 号）

落实单位：各级地税、财政部门

五、帮助解决创办资金不足

（一）创业担保贷款

符合条件的大学生、城镇登记失业人员、就业困难人员、复员转业退役军人、刑释解教人员，创办家庭服务企业，可在创业地申请创业担保贷款，贷款最高额度不超过 10 万元（大学生最高不超过 30 万元），财政贴息利率不超过同期贷款基准利率上浮 3 个百分点以内，贴息期限最长不超过 2 年。

就业困难人员是指：具有我省户籍，在劳动年龄段内，有劳动能力、有就业要求，并在我省各级公共就业服务机构登记失业的以下人员：

（1）男年满 50 周岁以上、女年满 40 周岁以上的大龄城镇居民；

（2）持《残疾人证》的城镇居民；

（3）享受城市居民最低生活保障的人员；

（4）连续失业一年以上的城镇居民；

（5）已参加失业保险并连续失业一年以上的农村进城务工劳动者；

（6）城市规划区内的农村新被征地农民，即：在城市规划区内，经政府依法征收农村集体耕地后，被征地农户人均剩余耕地面积低于所在县（市、区）农业人口人均耕地面积的 30%，且在征地时享有农村集体耕地承包权的在册农业人口。

具有福建省户籍，在劳动年龄段内，有劳动能力、有转移就业愿望，并在我省各级公共就业服务机构进行求职登记的农村三类居民，即：实行计划生育的独生子女户、二女户中，男年满 40 周岁以上、女年满 30 周岁以上人员；持《残疾人证》人员；享受农村最低生活保障人员，也可以享受促进就业困难人员就业的相关扶持政策。

文件依据：

1.《福建省人民政府关于进一步做好新形势下就业创业工作十五条措施的通知》（闽政〔2015〕44 号）

2.《福建省人民政府关于大力推进大众创业万众创新十条措施的通知》（闽政〔2015〕37 号）

3.《福建省财政厅　人社厅　中国人民银行福州中心支行转发财政部　人社部 中国人民银行关于加强小额担保贷款财政贴息资金管理的通知》（闽财金〔2014〕5 号）

4.《中国人民银行福州中心支行　财政厅　劳动保障厅　人事厅关于进一步改进小额担保贷款管理积极推动创业促进就业工作的通知》（福银〔2009〕21 号）

5.《福建省人民政府关于进一步做好促进就业工作的通知》（闽政〔2008〕18 号）

落实单位：各级人社、财政、金融经办机构

（二）融资风险保障

符合在工商管理部门注册登记、有固定经营场所、一年以上经营状况正常、资信良好等相关条件的我省小微企业可在办理贷款保证保险后申请小额贷款。单户贷款金额实行差别上限，2015 年起的试点前两年，单户贷款金额不超 300 万元，其中个体工商户不超 150 万元；试点第三年，相应额度在原有基础上可再调高 20%。融资成本实行上限控制，试点期间，银行贷款利率上浮不超过同期基准利率的 30%，贷款保证保险费率不超过 2.5%，附加小微企业主个人意外险费率不超过 0.1%。省财政首期安排 2000 万元，试点市按照 1∶1 配套共同组成小贷风险补偿基金，支持小微企业融资。

文件依据：《福建省人民政府办公厅关于印发福建省小微企业贷款保证保险试点方案的通知》（闽政办〔2015〕28 号）

落实单位：省金融办、福建保监局、相关设区市政府

（三）创业资金资助

在校及毕业 5 年内的普通高等学校、职业学校、技工院校学生，就业困难人员租用经营场地在闽创办家庭服务企业的（在各类创业孵化基地、创业园等已享受政府租金优惠政策的除外），可享受最长不超过 2 年，不超过租金 50%，每年最高 3000 元的创业资助。

文件依据：《福建省财政厅　福建省人力资源和社会保障厅关于印发福建省就业专项资金管理办法的通知》（闽财社〔2015〕4 号）

落实单位：各级人社、财政部门

（四）房租等减免

属政府投资的众创空间，符合入驻条件的家庭服务创业企业可享受当地政府提供的 2~5 年的房租减免。

高校毕业生创办家庭服务企业可享受所在地政府关于经营场所、公共租赁住房政策和有条件地方给予的 2 年期免费及电信运营商的宽带资费优惠政策。

文件依据：《福建省人民政府关于大力推进大众创业万众创新十条措施的通知》（闽政〔2015〕37 号）

落实单位：各地方政府、通信管理局

六、开展电子商务奖励

鼓励家政、婚庆、家电维修、健康、养老等生活服务行业提高电子商务应用水平。对网上年销售额达 5000 万元以上且在总销售额中占比 30%以上的上述企业，给予最高不超过 100 万元的奖励。

文件依据：《福建省人民政府办公厅关于加快电子商务发展九条措施的通知》（闽政办〔2015〕89 号）

落实单位：省商务厅

七、鼓励企业上市

鼓励和支持企业在全国中小企业股份转让系统和海峡股权交易中心挂牌和融资，对在全国中小企业股份转让系统和海峡股权交易中心挂牌交易的小微企业，省级财政在挂牌当年给予不超过 30 万元的补助。

文件依据：《福建省人民政府办公厅关于进一步扶持小微企业加快发展七条措施的通知》（闽政办〔2015〕1 号）

落实单位：各级经信、财政部门

八、鼓励各类人员到家庭服务企业就业

（一）高校毕业生视同基层工作经历

高校毕业生从事家庭服务业的，在报考公务员、应聘事业单位工作岗位时视同基层工作经历，到家庭服务业就业的基层工作经历时间自高校毕业生持毕业生就业主管部门核发的《全国毕业研究生报到证》或《全国普通高等学校本专科毕业生报到证》到用人单位报到之日算起，足年足月累计；自主创业的按营业执照颁发之日算起，足年足月累计。

文件依据：《福建省人民政府办公厅关于发展家庭服务业的实施意见》（闽政办〔2011〕193号）

落实单位：各级人社部门

（二）对灵活就业困难人员实行社会保险补贴

各类就业困难人员在家庭服务企业灵活就业，并在灵活就业窗口续缴社会保险费的，在相应期限内享受最高不超过其实际缴费额2/3的基本养老费、医疗保险费补贴。补贴时限除对自享受之日起距法定退休年龄不足5年的就业困难人员可延长至退休外，其余人员最长不超过3年。

文件依据：《福建省财政厅　福建省人力资源和社会保障厅关于印发福建省就业专项资金管理办法的通知》（闽财社〔2015〕4号）

落实单位：各级人社、财政部门

九、鼓励家庭服务企业实行员工制

（一）降低失业保险费率

实行员工制的各类家庭服务企业，其应为员工缴纳的失业保险费率由3%暂降至2%，即家庭服务企业可按照与之建立劳动合同关系职工的月工资总额的1.5%缴纳失业保险费，职工按照其月工资总额的0.5%缴纳失业保险费。企业招用的农民合同制工人本人可不缴纳个人失业保险费，也可自愿按其月工资总额0.5%缴纳个人失业保险费（可享受与城镇失业人员同等的失业保险待遇）。

文件依据：《福建省人力资源和社会保障厅　福建省财政厅　福建省地税局关于调整福建省失业保险费率有关问题的通知》（闽人社文〔2015〕162 号）

落实单位：各级人社、财政、地税部门

（二）吸纳就业困难人员实行社会保险补贴

各类家庭服务企业招用就业困难人员，与其签订 1 年以上期限劳动合同并按规定缴纳社会保险费的，在相应期限内给予基本养老保险、基本医疗保险和失业保险补贴，不包括就业困难人员个人应缴纳的基本养老保险费、基本医疗保险费和失业保险费，以及企业（单位）应缴纳的其他社会保险费。补贴时限除对自享受之日起距法定退休年龄不足 5 年的就业困难人员可延长至退休外，其余人员最长不超过 3 年。

文件依据：

1. 《福建省人民政府办公厅关于发展家庭服务业的实施意见》（闽政办〔2011〕193 号）

2.《福建省财政厅　福建省人力资源和社会保障厅关于印发福建省就业专项资金管理办法的通知》（闽财社〔2015〕4 号）

落实单位：各级人社、财政部门

（三）享受劳动密集型小企业贴息贷款

符合条件的家庭服务小企业，当年新招用符合小额贷款申请条件人员［参阅本指南第五条第（一）款内容］达到企业现有在职职工总数的 30%（超过 100 人的企业达 15%）以上，并与其签订 1 年以上劳动合同，可申请总额最高不超过 200 万元的（如职工人数达不到上述规定条件的，按人均 2 万元的额度）小额担保财政贴息贷款，贴息标准为中国人民银行公布的同期贷款基准利率的 50%，贴息期限最长不超过 2 年。

文件依据：

1.《福建省人民政府关于大力推进大众创业万众创新十条措施的通知》（闽政〔2015〕37 号）

2.《福建省财政厅　人社厅　中国人民银行福州中心支行转发财政部　人社部 中国人民银行关于加强小额担保贷款财政贴息资金管理的通知》（闽财

金〔2014〕5号）

3.《中国人民银行福州中心支行 财政厅 劳动保障厅 人事厅关于进一步改进小额担保贷款管理积极推动创业促进就业工作的通知》（福银〔2009〕21号）

落实单位：各级人社、财政、金融经办机构

十、鼓励提升从业人员技能水平

（一）职业技能培训补贴

在我省各级公共就业人才服务机构办理求职、失业、就业等实名制登记的城乡劳动者（含外省来闽务工人员），参加经我省各级人力资源社会保障部门批准的公共就业服务机构、职业技能培训机构、技工院校、企业（经工商登记，培训计划经各级人力资源社会保障部门备案的）组织的职业技能培训，获得人力资源社会保障部门颁发的职业培训结业证书或通过社会化考试获得中华人民共和国职业资格证书的可给予职业培训补贴。

通过社会化考试取得国家职业资格证书的按相应技能等级确定补贴标准：初级工（五级）每人500元；中级工（四级）每人700元；高级工（三级）每人1000元；技师（二级）每人1600元；高技技师（一级）每人2000元。

在我省各级公共就业人才服务机构办理求职、失业等实名制登记的城乡劳动者，参加就业公共服务机构、省级重点以上技工院校组织的职业培训或按项目运作培训获得职业培训结业证书的补贴标准为每人350元。实际培训费用金额低于上述标准的，按实际培训费用金额作为培训补贴标准。

通过直接认定获得高级技师（一级）的也可获得职业培训补贴，补贴标准为每人1000元。

劳动者每获取一次证书，最多只能享受一次补贴。一年内，获得不同等级、工种的，按最高标准给予一次补贴；已按低标准享受补贴的，允许按高标准补差。

直补企业培训，即企业组织签订1年以上期限正式劳动合同并缴纳基本养老保险费的员工培训，通过社会化考试获得职业资格证书的，按上述“见证补贴”办法补贴，并扣除当年度已享受以上见证补贴的人数。

文件依据：《福建省财政厅　福建省人力资源和社会保障厅关于印发福建省就业专项资金管理办法的通知》（闽财社〔2015〕4号）

落实单位：各级人社、财政部门

（二）职业技能鉴定补贴

在我省各级公共就业人才服务机构办理求职、失业、就业等实名制登记的城乡劳动者初次通过国家职业技术工种鉴定、取得国家职业资格证书的，个人可享受职业技能鉴定补贴，补贴标准按物价部门核定的实际收费额的80%确定，且每人不超过150元。

文件依据：《福建省财政厅　福建省人力资源和社会保障厅关于印发福建省就业专项资金管理办法的通知》（闽财社〔2015〕4号）

落实单位：各级人社、财政部门

十一、加快养老服务业和居家养老服务业发展

（一）支持社会力量进入养老服务领域

政府在土地供应、税费减免、公共财政补贴、投融资等方面予以保障，支持社会力量进入养老服务领域。

文件依据：

1.《福建省人民政府关于加快发展养老服务业的实施意见》（闽政〔2014〕3号）

2.《福建省人民政府关于加快社会养老服务体系建设的意见》（闽政〔2012〕31号）

3.《福建省人民政府关于推进居家养老服务工作的实施意见》（闽政文〔2009〕150号）

落实单位：各级国土、税务、财政、物价、人社、民政、金融等部门

（二）保障服务养老机构运营

1. 对各类养老服务机构提供的养老服务，其用电、用水、用气按居民生活类价格执行。

文件依据:《福建省人民政府关于加快发展养老服务业的实施意见》(闽政〔2014〕3号)

落实单位：各级价格主管部门，相关供电、供水、供气经营企业

2. 凡经福建省民政部门设立许可，并依法登记的养老机构均可投保养老机构责任保险。民办非营利性养老机构可从运营补贴中按不超过补贴费用的10%专项列支保险费，养老机构投保责任险设立最低责任限额标准。建立与养老机构责任保险赔付率相挂钩的费率浮动机制。

文件依据:《福建省民政厅 福建保监局关于推行养老机构责任保险的意见》(闽民福〔2014〕36号)

落实单位：各级民政部门、福建保监局

参考文献

1. 傅彦生. 家政 O2O 发展现状分析 [J]. 互联网天地，2014 (7).

2. 黄薇. 基于目标管理框架的网络跨界创业途径可行性研究：以移动家政为例 [J]. 企业经济，2017 (6).

3. 姜长云. 关于家庭服务业概念内涵和外延的讨论 [J]. 经济研究参考，2010 (60).

4. 金碚. 中国工业发展报告 [M]. 北京：经济管理出版社，2012.

5. 刘燕斌等. 国外家庭服务业促进就业政策研究 [R]. 2010.

6. 蔺雷，吴贵生. 服务创新 [M]. 北京：清华大学出版社，2003.

7. 宁喆. 如何看待我国服务业快速发展 [J]. 求是，2016 (10).

8. 潘绵臻，毛基业. 再探案例研究的规范性问题 [J]. 管理世界，2009 (2).

9. 彭缔. 电子商务在服务行业中的创新和实践——家政服务行业的电子商务应用 [J]. 电子商务，2006 (12).

10. 吴照云，余长春. 用服务科学解析价值链 [J]. 中国工业经济，2011 (4).

11. 吴敬琏. 中国工业化道路的抉择 [J]. 学术月刊，2005 (12).

12. 许剑毅. 2016 年我国服务业持续快速增长 [N]. 人民网，2017-01-22.

13. 张一名. 发展家庭服务业促进就业 [J]. 中国妇运，2010 (12).

14. 曾向东. 家政服务公司：从传统模式中突围 [J]. 社区，2004 (15).

15. Adler, P. S., McDonald, W. D. & MacDonald, F. Strategic Management of Technical Functions [J]. Sloan Management Review, 1992, 33 (2): 19-37.

16. Amabile, T. M. A Model of Creativity and Innovation in Organizations

[J]. In B. M. Staw & L. L. Cummings (Eds.), Research in Organizational Behavior, 1988 (10): 123-167.

17. Berry, L.L, Shankar, V., Parish, T. J., Cadwallader, S.&Dotzel, T. Creating New Markets Through Service Innovation [J]. MIT Sloan Management Review, 2006, 47 (2): 56-63.

18. Browning, H., & Singelmann, J. The Transformation of the U.S. Labor Force: The Interaction of Industry and Occupation [J]. Politics and Society, 1978 (8): 481-509.

19. Bullingera, H., Fahnrichb, K., & Meiren, T. Service Engineering-Methodical Development of New Service Products[J]. International Journal of Production Economics, 2003 (85): 275-287.

20. Chase, R., & Apte, U. A History of Research in Service Operations: What's the Big Idea? [J]. Journal of Operations Management, 2007 (25): 375-386.

21. Damanpour, F. Organizational Innovation: A Meta-analysis of Effects of Determinants and Moderators [J]. Academy of Management Journal, 1991, 34 (3): 555-590.

22. De Brentani, U. Success Factors in Developing New Business Services [J]. European Journal of Marketing, 2002, 25 (2): 33-59.

23. Drucker, P. Innovation and Entrepreneurship [M]. New York: Harper & Row, 1985.

24. Edvardsson, B., Tronvoll, B., Gruber, T. Expanding Understanding of Service Exchange and Value Co-creation: A Social Construction Approach [J]. Journal of the Academy of Marketing Science, 2011 (39): 327-339.

25. Eisenhardt, K. M.. Building Theories from Case Study Research [J]. Academy of Management Review, 1989 (14): 532-550.

26. Englund, R. L & R. J. Graham. From Experience: Linking Projects to Strategy [J]. Journal of Product Innovation Management, 1999, 16 (1): 52-64.

27. Essen, A. The Emergence of Technology -based Service Systems [J]. Journal of Service Management, 2009 (20): 98-122.

28. Goldstein, S., Johnston, R., Duffy, J., & Rao, J. The Service Concept: The Missing Link in the Service Design Research? [J]. Journal of Operations Management, 2002 (20): 121-134.

29. Grnroos, C. Service Management and Marketing: Managing the Truth in Service Competition [M]. Lexington Book Co., 2007.

30. Knight, G. A. Entrepreneurship and Marketing Strategy: The SME under Globalization [J]. Journal of International Marketing, 2000, 8 (2): 12-32.

31. Krinsky, R. J & Jenkins, A. C. The Uneasy Fusion of Strategy and Innovation [J]. Strategy & Leadership, 1997, 25 (4): 36-41.

32. Linder, J. C., Jarvenpaa, S. & Davenport, T. H. Toward an Innovation Sourcing Strategy [J]. MIT Sloan Management Review, 2003 (7): 43-50.

33. Maglio, P., Spohrer, J. Fundamentals of Service Science [J]. Journal of the Academy of Marketing Science, 2008 (36): 18-20.

34. Menor, L. J., Tatikonda, M. V., & Sampson, S. E. New Service Development: Areas for Exploitation and Exploration [J]. Journal of Operations Management, 2002, 20 (2): 135-157.

35. Miles, I. Innovation in Services. In: Fagerberg J., Mowery D., Nelson R. (eds). The Oxford Handbook of Innovation [M]. Oxford: Oxford University Press, 2005.

36. Nystrom, H. Technological and Market Innovation [M]. Chichester, 1990.

37. Porter, M. E. & Stern, S. The New Challenge to America's Prosperity: Findings from the Innovation Index [R]. Council on Competitiveness. Washington, D.C., 1999.

38. Rickards, T. & Moger, S. Creative Leadership Processes in Project Team Development: An Alternative to Tuckman's Stage Model [J]. British Journal of Management, 2000 (11): 273-283.

39. Sawhney, M. Going Beyond the Product: Defining, Designing and Delivering Customer Solutions. In: Lusch, R., Vargo, S., Sharpe, M. (Eds.), The Service-dominant Logic of Marketing: Dialog, Debate, and Directions [M]. Beverly Hills 2006.

40. Thompson, W. R. A Preface to Urban Economics [M]. Johns Hopkins University Press, 1965.

41. Tidd, J., J. Bessant &K. Pavitt. Managing Innovation-Integrating Technological, Market and Organizational Change [M]. Chichester: John Wiley & Sons, 1997.

42. Tsui, A. S., Schoonhoven, C. B., Meyer, M. W. & Lau, C. & Milkovich, G. T. Organization and Management in the Midst of Societal Transformation: The People's Republic of China[J]. Organization Science, 2004, 15(2): 133-144.

43. Van der Panne, G., van Beers, C., & Kleinknecht, A. Success and Dailure of Innovation: A Literature Review [J]. International Journal of Innovation Management, 2003, 7 (3): 309-338.

44. Van der Aa, W., &Elfring, T. Realizing Innovation in Services [J]. Scandinavian Journal of Management, 2002, 18 (2): 155-171.

45. Yin, R., Case Study Research Sage [M]. Beverly Hills, CA, 1994.

46. Zahra, S. A., Nielsen, A. P., & Bogner, W. C. Corporate Entrepreneurship, Knowledge, and Competence Development [J]. Entrepreneurship Theory and Practice, 1999, 23 (3): 169-189.

47. Zott, C. Dynamic Capabilities and the Emergence of Intraindustry Differential Firm Performance: Insights from Simulation Study [J]. Strategic Management Journal, 2003, 24 (2): 97-125.